Maria Padilha
Segredos da Pombagira Menina

Sebastião Cabral

Maria Padilha
Segredos da Pombagira Menina

© 2025, Madras Editora Ltda.

Editor:
Wagner Veneziani Costa

Produção e Capa:
Equipe Técnica Madras

Revisão:
Arlete Genari
Silvia Massimini Felix
Jaci Albuquerque de Paula

Dados Internacionais de Catalogação na Publicação (CIP)
(Câmara Brasileira do Livro, SP, Brasil)

Cabral, Sebastião
Maria Padilha: segredos da pombagira menina/Sebastião Cabral. –
3. ed. – São Paulo: Madras, 2025.
ISBN 978-85-370-1137-9

1. Pombagira 2. Religiões de origem africana
3. Umbanda (Culto) 4. Umbanda (Culto) – Rituais I. Título.

18-16209   CDD-299.672

Índices para catálogo sistemático:
1. Pombagira: Teologia de Umbanda: Religiões de origem africana 299.672
Maria Alice Ferreira – Bibliotecária – CRB-8/7964

É proibida a reprodução total ou parcial desta obra, de qualquer forma ou por qualquer meio eletrônico, mecânico, inclusive por meio de processos xerográficos, incluindo ainda o uso da internet, sem a permissão expressa da Madras Editora, na pessoa de seu editor (Lei nº 9.610, de 19/2/1998).

Todos os direitos desta edição reservados pela

MADRAS EDITORA LTDA.
Rua Paulo Gonçalves, 88 – Santana
CEP: 02403-020 – São Paulo/SP
Tel.: (11) 2281-5555 – (11) 98128-7754
www.madras.com.br

Índice

Nota do Autor 7
Organização Maria Padilha 9
Maria 13
    O nascimento de um amor proibido 14
Bruna 19
As Primeiras Visões de Bruna 23
Bruna Se Prepara e Vai para a Europa 29
A Vida de Bruna Na Europa 35
A Faculdade 37
Hans Retorna ao Brasil 53
Dona Sete Assume sua Verdadeira Identidade 63
A Noite Seguinte no Palácio de Padilha 69
    A hora da verdade se aproximava na casa dos alemães 79
Amor entre Almas 83
Os Planos de Padilha 85
Caminhar de Pombagira 89

Qual é o Objetivo da Instituição da Padilha? 91
    A festa e coroação da Rainha Menina 97
A Organização do Complexo Padilha 101
Bruna Guardiã 103
A Festa na Casa da Padilha Menina 105
O Nascer de uma Pombagira 107
    A execução dos trabalhos no complexo humanitário 108
A Organização Ganha Força 115
As Equipes de Cientistas 117
Instituição Cantareira 123
A Expansão da Casa de Padilha 125
O Trabalho Espiritual no Centro Físico 127
As Preocupações do Baixo Etéreo 131
A Ótica do Baixo Etéreo sobre o Complexo Mantiqueira 133
Padilha Explica Seu Projeto 137
Aos Seguidores de Padilha Menina 139

Nota do Autor

Esclareço aos leitores que, para escrever sobre a Pombagira Maria Padilha, contei com a colaboração e gentileza de outras Guardiãs de Lei, essas mulheres maravilhosas me auxiliaram neste trabalho para que, com humildade, eu pudesse aprender com elas e consequentemente trazer ao conhecimento dos adeptos do culto aos Exus mais detalhes sobre essa mulher enigmática e misteriosa que é Maria Padilha. Entretanto, não poderia deixar de expressar minha satisfação e honra em poder relatar algo sobre uma mulher tão espetacular quanto a Padilha, essa Pombagira que gentilmente nos presenteia com tão maravilhosa história. Escrever sobre um grupo tão especial e enigmático quanto nossas Guardiãs é sempre um desafio para qualquer escritor. Especialmente para essa organização, exige-se sempre muita atenção e cuidado, pois a falange Padilha é repleta de mulheres extremamente exigentes, mas esta que descrevo é especialmente minuciosa, sábia e misteriosa, conhece cada detalhe de seu trabalho e não permite o menor erro. Mas, levado pelo senso de responsabilidade, desejo e compromisso de expressar o máximo de veracidade sobre essa espetacular mulher, fui buscar informações mais detalhadas no mundo astral com quem realmente a conhece de fato, fiz contato com outras Pombagiras, que, como Padilha, são chefes de falange, e estas me forneceram muito do material de que necessitava para compor esta obra; assim obtive muita informação sobre a grandeza da organização Padilha. Já de posse do material que me foi passado por essas mulheres maravilhosas que habitam as dimensões menos densas do planeta, mas que trabalham nos ambientes mais hostis inimagináveis pelo espírito encarnado, vamos falar um pouco sobre Maria Padilha. Devo dizer que, quando o assunto a se tratar diz respeito a essa mulher, temos um campo extenso para explorar, visto que essa Pombagira faz parte de um grupo seleto de espíritos milenares que habitaram este planeta ainda em seus primórdios. Tempos em que este procurava se estabelecer no universo de planeta habitável e firmar-se em seu desenvolvimento físico, procurando o rumo da evolução espiritual. Tempos bem remotos. E como muitos espíritos que por aqui passaram, ela adquiriu conhecimentos mágicos, tornando-se uma feiticeira extremamente hábil e respeitada em todos os cantos da Terra, especialmente no continente americano, onde é conhecida nos dias atuais como Pombagira Maria Padilha.

Nesta narrativa, a Pombagira comandante em chefe da organização espiritual Maria Padilha fala-nos o quanto é gratificante e satisfatório o trabalho de elevação e coroação de uma filha ao posto de Guardiã de Lei. Ela traz ao nosso conhecimento as dificuldades que enfrentou e enfrenta no Brasil para desenvolver seus projetos humanitários, que muitas vezes esbarram no preconceito dos encarnados para com a espiritualidade. Padilha também destaca outros fatores relevantes, como o desvio de conduta de uma parcela considerável de médiuns, pessoas que sobretudo necessitam trabalhar seus dons mediúnicos, mas que em certos momentos o fazem de maneira contrária aos ensinamentos e condutas de seus mentores espirituais.

Organização Maria Padilha

Logo após desencarnar, Maria foi levada à presença dos mestres ascensionados responsáveis por apresentar ao comando planetário espíritos com vocação e disposição para ingressar no corpo com compromisso de exercer alguma liderança na crosta terrestre. O comando então percebeu que se tratava de um espírito inteligente detentor de alto nível de consciência. No tempo em que foi convidada a se apresentar aos mandatários planetários, Padilha tinha pleno conhecimento de sua missão para com a Terra. Pouco tempo depois de deixar o corpo físico, impulsionada por seu senso de responsabilidade, assumiu importantes compromissos perante os Senhores da Luz. Pouco tempo depois de aceitar desenvolver seu trabalho no plano físico sem a necessidade de reencarnar, Padilha procurou seu mentor na alta hierarquia para lhe apresentar o prospecto do projeto que havia elaborado e lhe deu garantias de que era perfeitamente possível desenvolvê-lo na crosta terrestre. Em pouco tempo o comando examinou e aprovou seu plano de metas, incumbindo-a de transportá-lo imediatamente para execução nas dimensões mais densas do planeta.

A partir daquele instante, não havia mais tempo a perder. Padilha era bem articulada e contou com o apoio irrestrito dos Guardiões-chefes de todas as dimensões, que rapidamente a admitiram como membro permanente da organização Exu de Lei. Em pouco tempo, tornou-se uma Guardiã atuante e respeitada, circula majestosamente pelo umbral e por outras dimensões menos evoluídas do sistema planetário. Mantém constante contato com os chefes da escuridão e desenvolve um importante trabalho junto desses senhores enigmáticos.

Maria Padilha teve sua última encarnação em um período em que muitos seres humanos, especialmente mulheres sábias, eram queimados vivos apenas porque detinham conhecimentos mágicos ou conheciam as propriedades medicinais das plantas. Naquela época todas as pessoas que detinham algum conhecimento mágico eram consideradas pela Igreja Católica como espírito demoníaco, portanto deveriam ser incineradas vivas para que servissem como exemplo a outros sábios que ousassem expor seus conhecimentos. Mas a turbulência daquele tempo não foi o suficiente para calar ou intimidar tal espírito. Sabemos que até os dias atuais essa Pombagira cuida de uma parcela imensa de irmãos encarnados e desencarnados que recorrem a ela em busca de proteção e apoio material e espiritual. Essa Pombagira desenvolve trabalhos em todas as dimensões de nosso sistema planetário. Atua fortemente na aproximação de casais vitimados por trabalhos de magia negra, usa todo o seu conhecimento adquirido nas encarnações em que desenvolveu seus dotes de feiticeira, em favor da justiça e da lei divinas. As informações que obtive no astral com outras Pombagiras nos dá conta de que Maria Padilha, apesar de ser exímia conhecedora e detentora de poderes mágicos milenares dos quais fez uso no passado, nos dias atuais não desenvolve trabalhos de feitiçaria negra. Sua especialidade é no inverso da magia pesada, ou seja, atua na quebra e desmanche de feitiços e demandas. Sua organização tem ramificações em todas as dimensões do planeta; é exatamente por isso que sua fundadora é extremamente respeitada no concílio de Exus de Lei. Desenvolve importantes e essenciais tarefas, as mais diversificadas possíveis. Aqui no Brasil, sua equipe atua fortemente no transporte e encaminhamento de espíritos recém-desencarnados para suas cidades espirituais. A Pombagira Padilha também responde como mensageira de comunicação de vários Orixás (o que se chama no Candomblé de boca do santo). São muitos e variados os campos de atuação da organização comandada por essa espetacular mulher.

Portanto, falar da energia maravilhosa de Maria Padilha tem de ser encarado como um imenso privilégio para o médium que tiver a honra e o merecimento de receber orientações dessa guerreira defensora das causas nobres.

Existem muitas histórias sobre essa Pombagira, mas não devemos nos esquecer de que elas são lendas e, portanto, não devem ser entendidas como essenciais. Devemos olhar para a Padilha como uma Pombagira que representa a magia, o mistério, a sensualidade e a sabedoria; se não bastasse tudo isso que ela nos oferece, é fundamental destacar a confiança que essa mulher nos passa em seus trabalhos. Ela é uma feiticeira de altíssimo nível e muito conhecimento, não incorpora para ficar falando sobre seus feitos, não faz questão de ser notada, pois onde chega sua energia contagia e encanta. Essa Padilha da qual estou falando especificamente nos afirma que sua origem é portuguesa e que sua última encarnação se deu na Espanha, mais especificamente nas terras de Sevilha, onde concluiu seu ciclo de existência corpórea, último estágio como espírito necessitado de encarnação. Ela nos chama a atenção para o fato de existir milhões de mulheres que fazem parte dessa organização e cada uma delas carrega sua própria história.

Existem muitos contos sobre essa Pombagira que descrevo. Quando lhe perguntei se essas lendas procediam, ela me olhou sobre os ombros, deu uma linda gargalhada, sem confirmar ou negar, e me respondeu: "Escreva, moço!". Eu obedeci.

Maria

    Vamos acompanhar a história dessa Maria. Ela era uma jovem muito inteligente, vivia no seio da realeza espanhola, era admirada por todos os moradores do palácio, trabalhava auxiliando a rainha. Era ela quem escolhia as roupas que a alteza usaria em seus compromissos reais. Maria não era simplesmente uma auxiliar, ela também representava a nobreza, pois seu pai pertencia à família que reinava na corte espanhola daquela época e, exatamente por fazer parte da realeza, Maria habitava o palácio. Naquele momento da história, o trono tinha um herdeiro com 19 anos de idade, o qual estava noivo de uma jovem pertencente à corte francesa, que havia sido enviada por sua família a Castela para que o príncipe se casasse o mais breve possível. Ele estava prestes a assumir o trono; seu pai encontrava-se muito doente e era bom que o novo rei tivesse uma família constituída. Os acontecimentos narrados se deram por volta do ano de 1340.

    Maria e o herdeiro de Castela eram primos e se conheciam desde crianças, mas nenhum sentimento havia despertado entre eles. Eram muito jovens e, não obstante, trocavam olhares mais demorados, mas não havia outro sentimento entre eles a não ser admiração pela beleza um do outro. Com a doença do monarca, os primos começaram a conviver com maior aproximação e, inexplicavelmente, aconteceu um fenômeno interessante entre eles: enquanto se dedicavam aos cuidados com o rei, os primos descobriram que estavam apaixonados. Eclodira um maravilhoso sentimento que estava represado havia muitas décadas, fora reacesa uma chama que há muito tempo havia praticamente se apagado. Estávamos diante de um reencontro esplêndido entre dois espíritos que já tiveram de abrir mão de tal sentimento em outra existência por conta de suas diferenças sociais, sendo que em outro encontro que tiveram, quem se encontrava em nível social muito elevado era ela, ostentando títulos de realeza pelos reinados da Europa. Isso lhe acarretou algumas dívidas morais e reparos a fazer para que pudesse evoluir espiritualmente, até que resolveu encarnar em sua última experiência no físico sem o peso desses títulos; precisava resolver essa pendência que a impedia de concluir plenamente seu ciclo de encarnações na Terra; ainda assim, ela não teve escolha, pois não há como fugir do destino, faltava mais uma existência em que ela deveria carregar título de nobreza. Por conta dos acontecimentos na corte espanhola, ela foi reconduzida a um trono e novamente estava no núcleo da realeza como mandatária, título que sustenta até os dias atuais. Salve nossa Pombagira, salve Maria Padilha Rainha das Sete Encruzilhadas.

O nascimento de um amor proibido

Enquanto os súditos espanhóis direcionavam suas atenções aos acontecimentos na corte, a morte do rei e a eminência de um casamento real, a paixão consumia o casal de jovens, que começaram a viver um lindo e perigoso caso de amor, mesmo conscientes de que jamais seriam aceitos pela sociedade real e especialmente pela família do príncipe, que considerava seu casamento com uma representante da corte francesa fundamental para as relações entre as duas casas (França e Espanha). O casal se arriscava a todo momento em seus encontros. A paixão os consumia, até que em uma atitude pouco racional, tomada por fortíssimo sentimento e embriagada pelo amor ao príncipe, a jovem Maria resolveu pedir ajuda a um velho sábio, que conhecera por intermédio de uma das mulheres que trabalhava no palácio. Foi por meio dessa apresentação que a moça apaixonada conheceu seu futuro mestre mago. Logo após ser apresentada ao sábio, ela fez a opção de conhecer a magia mais a fundo, dando prosseguimento aos encontros com o velho feiticeiro, mas Padilha ingressaria de vez no mundo da feitiçaria quando descobriu que ele era um mestre judeu especialista em cabala. Este lhe ensinara muitas magias, e através desses conhecimentos mágicos ela conseguiu com seus feitiços dominar completamente o rei e a rainha de Castela para que não deserdassem o filho. Padilha foi considerada a responsável pelo fim do casamento do herdeiro espanhol com a francesa, que a abandonou para ficar com Maria. Alguns historiadores contaram que a noiva foi decapitada a mando do futuro rei, outros apenas citam que ela foi abandonada por ele e devolvida à sua família na França, mas há muita controvérsia nessa história. Muitos acontecimentos se deram na corte, e pouco tempo depois o príncipe assumiu seu amor por sua prima Maria. Certo tempo depois de consumado o fim do noivado do príncipe herdeiro, ela passou a viver com ele em um palácio feito especialmente para eles em Sevilha, palácio que foi construído e presenteado a Maria da Padilha por seu amado. Mesmo contra a vontade de todos os membros da família real, o príncipe herdeiro e Maria constituíram uma linda família.

O sentimento que existia entre ela e o príncipe de Castela não era uma simples paixão de jovens, era um amor maduro que havia sido interrompido várias vezes. Era um amor que nascera há muito tempo, remanescente de outras encarnações. Todas as vezes que eles se encontravam havia sempre um empecilho que acabava os afastando e impossibilitando a conclusão do ciclo. Mas era chegada a hora do acerto, aquele espírito que encarnara e recebera o nome de Maria estava determinado a ter esse amor, que era de seu merecimento, afinal era sua última encarnação na Terra e ela queria vivê-la intensamente. Enfrentando todas as adversidades e dificuldades da época, o casal viveu em Sevilha durante três décadas, época em que o rei desencarnou e o príncipe se viu obrigado, mesmo a contragosto,w a retornar a Castela e assumir a corte espanhola. Mas o tempo de Padilha estava se esgotando como encarnada, ela sabia que seus anos estavam chegando ao fim e desenvolveu um trabalho espetacular como rainha, que é lembrado até os dias atuais. Maria Padilha morreu antes de seu amado e este fez seu velório e enterro com honras e pompas, evento digno de uma grande rainha. Durante a cerimônia do enterro dessa grande mulher, os súditos beijavam as mãos daquele corpo falecido por peste negra, sem levar em consideração o grande perigo de contágio da doença, tamanho era o carinho que o povo nutria por sua rainha. O rei decretou que seu túmulo seria nos jardins do palácio, para que ele pudesse visitá-lo sempre que sentisse saudade de sua amada.

Logo após o evento da morte da rainha, o rei anunciou ao seu reinado que havia casado com Maria Padilha e queria que seus filhos com ela fossem reconhecidos como herdeiros do trono, e que a imagem de Maria Padilha diante do povo fosse de uma grande rainha. Mas o rei não precisava se preocupar com esse detalhe, pois os feitos de Padilha enquanto rainha lhe conferiam tais requisitos. Ela nunca foi e jamais será esquecida pelos espanhóis e por milhões de pessoas por todos os cantos deste planeta, onde ela continua reinando e sempre será eterna majestade.

Três anos haviam se passado do desencarne de Maria, nesse ínterim o rei casou-se novamente, mas ele nunca imaginou que ela o assistia e havia organizado um matrimônio para seu amado, pois ela já atuava no plano espiritual como sua Guardiã. Ela escolheu uma linda moça de origem cigana e os aproximou, ela sabia que aquela menina tinha o espírito alinhado com ele, eram velhas conhecidas e sabia que ela faria seu amado feliz. Mas o rei nunca escondeu que o grande amor de sua vida fora Maria da Padilha.

Depois de muitos anos reinando majestosamente e fazendo da Espanha um reinado de prosperidade, o rei também teve seu tempo esgotado. Seguindo sua determinação, ele foi enterrado à frente da sepultura de sua amada rainha, onde foram construídas duas estátuas, uma em frente à outra, para que mesmo na eternidade eles nunca deixassem de olhar um pelo outro.

Mais de 200 anos depois que Maria havia deixado o corpo físico na Espanha, já trabalhava na proteção de mulheres, intuindo-as a reclamarem seus direitos. Houve uma incorporação involuntária de uma escrava que trabalhava dentro do palácio imperial do Brasil. Na época as pessoas que presenciaram o fenômeno não entenderam o que estava acontecendo, estranharam o comportamento da escrava, achando que ela estava com algum problema mental. Mas o fenômeno acontecia constantemente, em especial nos cultos realizados pelos escravos. Até que, em certo momento, a mensageira Maria Padilha teve sua primeira incorporação de fato em público no Brasil. Foi justamente através de uma moça que servia à corte brasileira no tempo de dom Pedro II que Padilha começou seu trabalho mais efetivo; quando a moça estava em uma sessão de Catimbó, recebeu uma entidade feminina muito sensual e com fortes traços de nobreza, que se apresentou como Maria Padilha. Contou um pouco de sua história, adiantando que não andava só, que futuramente viriam outras mulheres que fazem parte da falange. Depois dessa primeira incorporação, aquele espírito intensificou suas atividades por meio daquela médium, até que a moça adquiriu equilíbrio e somente então o espírito revelou sua verdadeira identidade: Maria Padilha Rainha das Sete Encruzilhadas, mentora fundadora da organização Maria Padilha.

Naquela época os cultos aconteciam clandestinamente, mas tempos depois, com alguns templos espirituais funcionando e por intermédio de seus dirigentes e espíritos trabalhadores, surgiu o nome Pombagira. Padilha voltou mais algumas vezes no corpo daquela médium, limitando-se apenas à coordenação de trabalhos espirituais; ela resolveu que não incorporaria mais, pois no plano espiritual sua missão estava concluída, não haveria mais necessidade de trabalhos de incorporação, mas Padilha jamais abandonaria seus irmãos em um momento tão especial, seu compromisso com a humanidade era bem maior do que imaginamos. Tomada pelo senso de responsabilidade, resolveu então que continuaria suas atividades, seguindo orientações dos mestres iluminados e dos regentes planetários. Nesse ínterim, firmou parceria com o Exu Rei das Sete Encruzilhadas. Também foi buscar apoio do iluminado São Miguel Arcanjo, rei chefe da Umbanda. Ela permanece incorporando, coordenando e elaborando trabalhos no planeta, comanda uma imensa falange de Pombagiras de Lei, direciona-as para todo tipo de trabalhos com exceção da feitiçaria negra, a qual ela aboliu completamente de seus projetos de trabalho desde seus tempos em Sevilha.

PADILHA GENTILMENTE PRESENTEIA-NOS COM A EXTRAORDINÁRIA HISTÓRIA DE UM ESPÍRITO EM BUSCA DE EVOLUÇÃO.

Bruna

Bruna era a caçula de três irmãos. Uma menina de olhos azuis, cabelos ruivos bem cacheados, traços fortes bem definidos, trazia em sua expressão a força do povo germânico. Era naturalmente alegre, simpática e muito popular. Pertencia à nata aristocrática brasileira da época; apesar da nacionalidade, não havia perdido a elegância dos tempos remotos em que reinara absoluta em várias casas reais do continente europeu. Algumas encarnações como princesa, outras ocupando o trono de rainha, mas sempre soberana e no comando da realeza de algum principado europeu. Esses tempos de majestade haviam lhe deixado marcas inconfundíveis, que o tempo não conseguira apagar.

A garota, contrariando a orientação dos pais, que não permitiam amizades entre seus filhos e os dos empregados ou qualquer pessoa que não fosse de origem germânica, era amiga de todas as pessoas com as quais convivia. Ela tinha dois irmãos que a defendiam do assédio dos coleguinhas na escola ou por onde passassem. Se alguém se aproximava dela, imediatamente um dos irmãos se encostava e, na maioria das vezes, quem respondia às perguntas que lhe faziam eram eles.

A família de Bruna era conhecida na sociedade pela discrição e formalidade com que se relacionava. A menina era discreta, de educação refinada, por isso a chamavam de bem-nascida. Esse termo era muito usado naquela época para definir jovem que pertencia a família considerada tradicional. Bruna era diferente das mocinhas daquele lugar, irradiava alegria por onde passava. Era filha de imigrantes alemães, mas desde cedo se destacava das demais meninas pela simpatia e inteligência, era extremamente espontânea, ao contrário dos outros membros da família, que eram reservados e de poucas amizades. Seu pai tinha como objetivo criar seus filhos dando-lhes o máximo de conforto e os preparar para assumir os negócios da família, mas tudo dentro dos costumes germânicos. Por isso, ele achava melhor os filhos estudarem na Alemanha. Para Hans, sua terra natal oferecia melhores condições de aprendizado, queria que seus filhos tivessem acesso a escolas com maior desenvolvimento científico e tecnológico, por isso ele havia decidido que seus filhos concluiriam seus estudos na Alemanha. Essa foi a maneira encontrada pelo germânico para preservar suas tradições.

Com 10 anos de idade, uma personalidade forte e bem definida, Bruna era motivo de orgulho para toda a família. A menina gozava de certos privilégios do pai; a mãe, um pouco enciumada com a diferença de tratamento entre os meninos e a filha, alertava seu marido de que era preciso tratar a filha igual aos irmãos. Ela achava que o marido deveria ser mais exigente com Bruna, e a todo o momento o acusava de tratar a filha de maneira mais amena, mas obtinha como resposta que não queria chatear sua filha com bobagens e, além do mais, ela era mulher e realmente deveria ser tratada de modo diferente dos meninos.

Quando estava em casa, a menina conversava com todo mundo, não gostava de ver ninguém pensativo. Se percebesse que um membro da família estava com problemas, logo se aproximava e gentilmente se dispunha a ajudar. Era uma defensora incondicional da mãe, tudo que a chateasse tomava para si e resolvia de sua maneira, mesmo porque todos os membros da família eram atenciosos com ela e sempre lhe diziam o que estava acontecendo. Assim, ela acabava sabendo o motivo da tristeza ou alegria de cada um. Bruna tinha um brilho todo especial, por onde andava conseguia reunir pessoas a seu lado.

A menina estava com 11 anos. Certa noite ela conversava com a família durante o jantar. Repentinamente Bruna começou a se sentir um pouco estranha, teve a sensação de que sua mãe não estava naquela mesa e sim em outro lugar no tempo; era uma construção antiga que lembrava os palácios que vira nas fotos dos livros que seu pai trouxera da Europa. Ela se levanta involuntariamente da mesa e vai até a cozinha.

Seus pais e irmãos estranharam que ela saísse da mesa repentinamente sem pedir licença. Quando a menina se deu conta de que não estava mais sentada jantando e não se lembrava de como havia chegado à cozinha, ficou intrigada, questionando-se de como havia se deslocado até outro cômodo da casa de maneira inconsciente. Sua mãe perguntou o que ela queria fazer; disfarçando, Bruna respondeu que havia sentido sede, mas a mãe percebeu que ela estava diferente e que não tomara água.

Bruna não continuou o jantar, pediu licença, recolheu-se ao seu quarto e foi dormir. Os pais se entreolharam. Quando os irmãos saíram da mesa, eles comentaram o evento e suspeitaram de que ela estivesse sofrendo um mal súbito ou estaria menstruando.

Mas isso ficaria a cargo da mãe, que prometeu ao marido que descobriria o que havia acontecido com sua menina e o manteria devidamente informado.

Após uma noite tranquila, o casal se levantou e começou a preparar o desjejum matinal para os filhos, que já estavam de pé; a menina levantou junto com os pais e tagarelava pela casa tomando um copo de leite quente; enfim era hora de levar Bruna para a escola. Sofia acompanharia sua filha naquela manhã, precisavam ter uma conversa. Hans então permaneceu sentado à mesa com os filhos tomando café.

Durante o tempo em que elas percorreram a estrada rumo à escola, a mãe cuidadosamente iniciou uma conversa, perguntou se Bruna estava sentindo alguma coisa que a incomodava, falou com a filha sobre ciclo menstrual, que as mulheres são diferentes dos homens, que há uma idade em que as meninas entram em uma fase diferente e ficam "mocinhas" e explicou todo o procedimento. Bruna apenas escutava a mãe falar, sem se preocupar com nada. A menina pediu para sua mãe ficar tranquila, que ao chegar essa fase de sua vida certamente ela ficaria sabendo; afinal, elas eram bem amigas e, apesar da época em que se passavam tais acontecimentos, os pais de Bruna eram bem liberais em alguns assuntos, principalmente quando se tratava do bem-estar dos filhos.

Depois da conversa com a filha, dona Sofia voltou para casa mais aliviada, então chamou o marido que aguardava seu retorno ansioso e o deixou a par de tudo. Mas ambos concordavam com uma coisa: o acontecimento daquela noite os deixara preocupados. Eles ficariam atentos às atitudes da filha e, se fosse o caso, procurariam um médico na viagem que fariam à Europa.

Enquanto eles se dedicavam à família e aos afazeres domésticos, seu filho mais velho se aplicava aos estudos e fazia seus planos: estudar na Alemanha, formar-se e voltar ao Brasil para assumir os negócios da família, que andavam muito bem e lhe despertavam certo interesse.

Os meses se passavam e a fazenda continuava produzindo de maneira satisfatória, aumentando assim os recursos da família, que se destacava entre os produtores da região. A presença da família alemã era obrigatória em festas e eventos sociais na Serra da Mantiqueira, região cafeeira em São Paulo.

O inverno estava chegando ao fim, aproximava-se a primavera e, com ela, muita fartura na fazenda da família Gandorff. Bruna continuava sob os olhares atentos de seus pais, que vigiavam seus passos e sempre que podiam a acompanhavam até a escola, mas a menina não tinha apresentado mais nenhum sintoma, às vezes sentia um pouco de tontura e tinha a impressão de ter ouvido uma voz lhe dizer algumas coisas, mas ela não sabia distinguir direito o que lhe era falado, então deixava passar e nem mesmo com sua mãe ela comentava o assunto, já estava acostumada a ver vultos e ter aquelas intuições, que confundia com uma voz.

As Primeiras Visões de Bruna

Certo dia, quando voltava da escola acompanhada do sr. Hans, Bruna teve uma visão e percebeu que havia uma mulher junto a eles na carruagem. Seu pai não percebia nada, estava embalado pelo chacoalho da carruagem e acabou dormindo. A menina tentava falar, mas parecia ter entrado em estado de transe e sua voz não saía, apenas olhava para a mulher que não lhe parecia ser desconhecida; abaixou a cabeça tentando se lembrar de onde a conhecia. Demorou alguns instantes com a cabeça naquela posição; quando olhou de volta, já não viu mais ninguém ao lado do pai, que dormia profundamente com o trotar dos cavalos. Completamente alheio aos acontecimentos, tinha sido levado para uma belíssima viagem astral e deixado volitando majestosamente na companhia de seu Exu Guardião.

A pequena ruiva ficou confusa olhando para os lados; não vendo ninguém, permaneceu quieta imaginando se poderia ter cochilado e sonhado tudo aquilo. De qualquer modo, tinha visto uma mulher na carruagem que não lhe era estranha. Bruna não conseguia entender o que havia acontecido, mas se sentiu bem com aquela presença; ela tinha certeza de que conhecia a mulher de algum lugar. Entretida, pensava no que acabara de acontecer, não se deu conta de que os cavalos andavam em ritmo de trote e já se aproximavam da fazenda; seu pai permaneceu dormindo durante o percurso, parecendo estar anestesiado. Quando chegaram e desceram da carruagem, Hans reclamou para a mulher que tinha dormido e nem viu o tempo passar.

Sofia havia colocado o almoço na mesa antes mesmo que Hans chegasse com Bruna. Os meninos se alimentavam no colégio, era rotina almoçarem somente eles três. Era normal a menina logo após a refeição se retirar da mesa e recolher-se ao escritório para fazer os exercícios da escola e estudar o idioma germânico. Mas aquele era um dia especial: mesmo ocupando seu tempo com as lições caseiras, Bruna não parava de pensar naquela mulher que vira sentada ao lado de seu pai na carruagem. Não conseguia imaginar de onde a conhecia. Mas aquilo era só o começo de uma longa caminhada, que seguirá por rumos pouco imagináveis por aquela menina.

Depois da primeira aparição, aquela mulher começou a se mostrar com maior frequência, era uma presença constante, às vezes se deixava ver em lugar público, outras apenas no quarto, onde tinham melhores oportunidades e conversavam durante o sono, mas sempre se fazendo presente. Depois de algum tempo, a menina estava habituada a receber a visita da amiga; quando ela demorava a se mostrar, sentia falta e mudavam seu comportamento, deixando a mãe mais atenta às atitude da filha, que alterava o senso de humor, recolhendo-se para dormir mais cedo que o normal.

Durante vários anos de sua vida, Bruna conviveu com aquela situação em silêncio, não comentava com a mãe porque tinha medo de que ela interpretasse como loucura ou alucinação e a internasse em uma daquelas casas de deficientes mentais que ela havia visitado na Alemanha, onde viviam muitas mulheres que eram consideradas loucas. Sabia que muitas delas não deveriam estar no hospício simplesmente porque viam ou se comunicavam com espíritos, não queria correr o risco de ser taxada de louca, mas não queria deixar de se encontrar com sua amiga.

O tempo passava, e a menina do sr. Hans já se aproximava dos 17 anos e estava com os estudos bem avançados, sabia que teria de estudar na Europa; eram exigências de seus pais e ela não ousaria desobedecê-los, mesmo porque seus irmãos já estavam estudando na Alemanha e estavam prestes a voltar, agora era sua vez de se ausentar do convívio familiar, a oportunidade de ela tocar sua vida sozinha e provar que era capaz de se cuidar sem os caprichos de sua mãe. Esses pensamentos lhe davam um novo ânimo. Bruna, apesar de ser uma filha obediente e disciplinada, tinha sua personalidade bem definida e fazia questão de expressar sua opinião quando era chamada em um assunto qualquer. Seu pai, apesar de não deixar transparecer satisfação com a franqueza da filha, interiormente sentia prazer e degustava o fato de ela ser parecida com ele. A menina era rápida e objetiva em suas decisões.

Bruna andava meio angustiada porque não via sua amiga oculta havia bastante tempo, reclamava para ela mesma, visto que não podia compartilhar com ninguém os encontros, até que em um desses dias em que se encontrava entediada reclamou para si mesma que estava sentindo falta da amiga. A Guardiã ouviu o desabafo da menina e certo dia, quando Bruna se deitou para dormir, entrou em estado de transe, viu quando sua amiga chegou, sentou-se ao lado da cama e a chamou por um nome que ela desconhecia.

Bruna respondia em pensamento, mas era como se estivesse tendo uma conversa normal, tudo era muito real para ela. Estava consciente de tudo que acontecia e sua primeira pergunta foi: Quem é você? Gostaria de saber pelo menos seu nome, pois sinto muita falta sua quando você se afasta, e uma imensa satisfação quando estamos juntas.

Conversaram bastante tempo nesse último encontro no Brasil, trataram de assuntos importantes como a viagem à Europa, e a possibilidade de desenvolverem trabalhos em conjunto. Com os detalhes acertados com a jovem, a linda mulher se despediu de sua menina e adiantou que somente se encontrariam na Alemanha, onde dariam início aos trabalhos de aproximação e irradiação. Bruna não entendeu o que havia escutado, mas não quis perguntar. Quando ia saindo de mansinho, Bruna lhe chamou e cobrou seu nome; foi surpreendida com uma bela gargalhada.

– Por enquanto, minha menina, você vai me chamar de Sete, apenas Sete.

Depois que a Pombagira foi embora, Bruna acordou suando, com a boca seca e tossindo muito. Sua mãe entrou no quarto e providenciou água para que parasse de tossir. A crise passou aos poucos e Bruna foi se acalmando, até ter condição de conversar com a mãe, que enchia a filha de perguntas. Queria saber o que tinha acontecido para ela estar tão agitada, se havia sonhado com alguma coisa ruim, um pesadelo ou qualquer outra coisa. A menina estava recobrando um estado de espírito muito confortável e pedia para a mãe se acalmar, pois não tinha acontecido nada, apenas havia dormido com sede e agora estava tudo bem. A menina irradiava alegria.

Sofia beijou-a e voltou para a cama, onde seu marido dormia profundamente, como se nada tivesse acontecido na casa. Ao se deitar, não percebia, mas havia uma mulher de pé ao lado de sua cama, que passou a mão sobre seus olhos, ela caiu em sono profundo e nem se lembrou no dia seguinte que tinha cuidado da filha à noite.

Bruna também voltou a dormir logo após tomar a água oferecida por sua mãe. Pela manhã acordou primeiro que os pais; a menina estava radiante, só uma coisa a preocupava: ela estava pensando como responder às perguntas da mãe. Foram para a escola juntas e, para sua surpresa, dona Sofia não perguntou nada, nem se lembrava dos acontecimentos da noite. Dona Sete havia apagado de sua mente tudo que passara, Bruna estranhou o silêncio, mas se manteve pronta para responder ao que fosse possível na volta para casa.

Pensou que a mãe não lhe perguntara nada por não querer atrapalhar sua aula, mas à tarde ela iria bombardeá-la com perguntas, pensava. Nesse dia, quem foi lhe buscar na escola foi seu pai, esse sim a bombardeou com perguntas; quis saber de tudo sobre seus estudos e de como estava se preparando para a viagem à Europa, que aconteceria dentro de um ano.

Também contou que tinha recebido notícias do filho e que ele estaria retornando ao Brasil no final do ano, enquanto o o outro somente voltaria no segundo semestre, mês em que ela viajaria.

Hans estava feliz com o progresso que estava alcançando e com o que ainda estava por vir; sua família era perfeita: filhos estudiosos e de boa índole, seus negócios andavam muito bem e com tendências a melhorar, seu mundo estava perfeito, dentro do que ele havia planejado.

Hans ficou muito feliz com a conversa que teve com a filha, percebeu que ela estava interessada em estudar na Alemanha, era um sonho dele ver seus filhos formados e no comando dos negócios da família.

O bem-sucedido alemão orientava sempre seus filhos para que não se interessassem por ninguém que não fosse de origem germânica, não queria que se misturassem. Para ele a mistura entre povos não dava certo e causava problemas para as famílias que tinham de conviver com alguém de costumes diferentes dentro de casa.

Enquanto o pai estava feliz com o fato de Bruna estar interessada em estudar na Alemanha, ela também estava ansiosa, pois sua amiga Sete havia falado que somente voltariam se encontrar na Europa. Ela estava acostumada com a agradável presença e agora teria de esperar um ano para ver sua amiga, achava que era muito tempo para ficar longe de alguém tão amável, mas resolveu que se dedicaria mais aos estudos para não ter problema quando chegasse à universidade germânica.

Ela tinha razão em sentir tanta falta de sua amiga, pois desde seus 10 anos dona Sete a irradiava, foram muitas as vezes em que teve de disfarçar as tonturas que sentia quando a via sentada ao seu lado durante os jantares da família. Foram anos de trabalho intenso de dona Sete para fortalecer os laços de amizade entre elas, pois precisavam retomar suas atividades espirituais que tiveram há tempos remotos e que, por conta de demandas dentro do grupo e entre elas, acabaram não se concretizando; mas, como nenhum trabalho pode ficar inacabado, era hora de recomeçar, porque a evolução dos espíritos do grupo dependia da conclusão dessa obra.

Por esse motivo dona Sete havia falado para Bruna que se encontrariam na Europa, pois era naquele continente que teriam de esquematizar as atividades interrompidas séculos atrás; também a alertou que ao retornar ao Brasil teria uma agradável surpresa, bastava que se mantivesse com seu padrão vibratório organizado e positivado, para que tivesse êxito em seus projetos. Dona Sete tranquilizava sua menina com a garantia de que não a deixaria sem suas visitas na Alemanha.

Bruna se Prepara e Vai para a Europa

A vida de Bruna seguia normalmente depois da chegada do irmão mais velho ao Brasil. Seus pais viviam mais alegres e se desligaram um pouco dela, permitindo que se dedicasse aos estudos; de vez em quando, ela visitava a vila dos colonos para saber se havia alguém doente precisando de ajuda. Era seu maior prazer ajudar os necessitados, especialmente os idosos e as crianças. Mas isso não agradava muito a seu pai, que achava que cada um deveria se virar com o que tem, porque no entendimento dele, somente assim se aprende a dar valor ao que se adquire. Mas Bruna relevava esse jeito germânico de seu pai e entendia sua postura, ela era um espírito de consciência mais elevada.

Hans estava em pleno processo de evolução e passava por uma das provas mais difíceis para o espírito transpor, o estágio da riqueza material, mas o plano espiritual havia disponibilizado para acompanhá-lo um Guardião especialista em questões de egocentrismo que o auxiliava, não deixando que extrapolasse. Exu Rei cuidava dos vestígios de nobreza que recaíam sobre seu protegido, acalmando-o e lhe ensinando a como conviver com a fortuna. Além do senhor Exu Rei, outro espírito auxiliava o alemão em sua encarnação. Acompanhando bem de perto, Bruna também trabalhava para amenizar o impacto que a riqueza material provocaria em Hans.

Bem perto de completar seus 17 anos, a jovem de olhos azul-claros e de cabelos ruivos encantava com sua beleza, todos os rapazes da região demonstravam interesse por ela, que, mesmo nas raríssimas vezes em que participava de algum evento social, fazia questão de deixar claro que namorar estava fora de seus planos. Tinha uma longa estadia na Europa e não queria deixar no Brasil ninguém com quem se preocupar, com exceção de sua família. Bruna sentia que sua vida não se resumia ao Brasil, tinha algo muito maior esperando por ela na Alemanha, por esse motivo estava deixando tudo organizado com sua família e colegas de escola. Na Alemanha também já se esperava sua chegada, a universidade anunciava para os professores que no próximo ano letivo teriam uma aluna com um QI superdotado e que todos deveriam prestar muita atenção nessa moça. Seu potencial intelectual deveria ser explorado ao máximo, essa aluna seria apresentada ao mundo europeu como uma prova da supremacia germânica, mas todos estavam orientados a esconder a nacionalidade da aluna.

Quando ela completou 17 anos, seu pai fez uma festa na fazenda e convidou toda a alta sociedade regional para prestigiar sua filha. Bruna desfilava majestosamente entre os convidados, arrancando suspiros apaixonados e comentários de jovens pretendentes, mas não estava sozinha; durante a festa, uma linda mulher trajando um belo vestido vermelho e preto se fazia invisível aos olhos encarnados e irradiava sua menina com fluidos encantadores e fios de luz que potencializavam sua beleza e aumentavam seu brilho. Dona Sete incensava sua menina com perfumes exóticos fazendo com que todas as atenções se concentrassem nela e que sua fragrância fosse sentida por todos os rapazes da festa. Em alguns momentos, Bruna teve certeza de que sua amiga estava ali bem pertinho dela, chegava a sentir seu toque suave quando era conduzida aos lugares onde estava concentrado o maior número de rapazes, seus potenciais pretendentes. Bruna olhava para todos os lados e não a enxergava em lugar nenhum da suntuosa residência dos Gandorff, mas sabia que ela estava ali. Durante toda a noite dona Sete trabalhou com sua protegida, fez com que a alta sociedade a venerasse como a uma deusa.

Seus pais estavam radiantes com a desenvoltura da jovem, até mesmo seu irmão mais velho se encantava com a irmã, apesar de uma pontinha de ciúme tê-lo feito se recolher mais cedo, não suportou ver sua irmã caçula reinar absoluta na festa, como se somente existisse ela naquele evento. Ao perceber que aflorava o ciúme de seu irmão mais velho e antigo desafeto de existência anterior, dona Sete chamou seu companheiro que também trabalhava em prol da menina, despertando os rapazes para que a olhassem, e lhe pediu que emanasse fluido positivo ao rapaz, porque mesmo inocente ele estava provocando desequilíbrio ao ambiente e estava atingindo Bruna, que começava a ficar entediada com todo aquele *glamour*. Dona Sete já havia mostrado para sua amiga quem seria o rapaz por quem ela se apaixonaria, mesmo sabendo que ela certamente teria de enfrentar sérias dificuldades junto à família para viver esse amor, mas estava em seu caminho, era seu destino e ninguém podia interferir, porque em nossos caminhos somente nós podemos caminhar.

A menina, apesar de ter ficado a noite sendo observada por todos os rapazes da região, já havia se encantado por um deles. Mas naquele momento ela apenas queria seguir para a Europa e se dedicar aos estudos, não queria contrariar seu pai, mesmo porque aquele rapaz não fazia parte dos que seu pai aprovaria para que se casassem, mas, intuída por dona Sete, deu uma olhada mais demorada para o jovem e um discreto sorriso, somente observado por ele e sua companheira de vestido preto e vermelho.

Bruna comemorava seus 17 anos e se preparava para seguir para a Alemanha e continuar seus estudos, mas sabia que seu caminho tinha alguns obstáculos, os quais ela teria de transpor, a começar pela escolha de sua profissão. Seu pai queria que ela seguisse carreira como professora, enquanto sua filha era apaixonada pela engenharia, mas sabia que era impossível convencê-lo a mudar de ideia; dois de seus irmãos já haviam seguido as vontades de seu pai, e se ela o desobedecesse lhe provocaria um grande desgosto e certamente sua mãe também seria atingida por sua desobediência, então ela resolveu que o caminho que iria seguir seria o que havia combinado com seu pai, ela se formaria na Europa e voltaria ao Brasil para dar aulas de idiomas, assim faria os gostos de toda a família e aí, sim, procuraria seu escolhido para dar continuidade ao grande amor que havia sido interrompido alguns séculos atrás com as batalhas travadas entre os colonos europeus e os cavalheiros da Inquisição.

    Duas semanas depois da festa dos 17 anos, Bruna seguiu viagem para a Alemanha em companhia de sua mãe para dar início aos estudos, porém, antes de partir, ela escreveu uma carta para um de seus pretendentes e fez com que chegasse às suas mãos através de um menino da escola rural, onde ela lecionava voluntariamente alfabetizando filhos dos empregados de seu pai. O garoto era de sua confiança e foi orientado a entregar a correspondência somente depois que ela viajasse para a Europa. Quando ficou sabendo que sua senhorinha tinha viajado, o rapazote de aproximadamente 10 anos começou uma verdadeira via sacra para entregar a carta ao moço, que morava um pouco distante, e o menino não sabia onde o encontrar. Também não podia pedir ajuda a ninguém, porque o que tinha de fazer era segredo seu e de sua amiga Bruna, ele apenas sabia que se tratava de uma pessoa especial para ela. Certo dia, o menino chamou o pai e lhe falou que tinha uma encomenda para entregar ao jovem filho dos italianos, o pai quis saber do que se tratava; ele mostrou a carta amassada de tanto que a escondia, mas seu pai ficou intrigado com aquela conversa e resolveu pressionar o filho. Queria saber quem havia mandado tal correspondência e começou chantagear o filho, ameaçando-o que, se não lhe contasse quem era a autora, seria castigado, ele não o ajudaria na entrega e ainda contaria para o pai da moça, que com sua autorização lhe aplicaria uma boa surra, que era para ele nunca mais se comportar como moleque de recado. O menino ficou apavorado com as ameaças do pai, mas seu amor pela amiga professorinha era bem maior do que o medo, então inventou uma história para o pai, que não sabia ler, portanto não haveria problema algum em mostrar a carta para ele.

    O menino apenas leu o nome do rapaz, ocultando porém o remetente, usou o nome de outra moça que sequer existia na região, disse ao pai que ela visitava a escola algumas vezes e por isso era pouco conhecida; que ele não sabia onde ela morava, mas tinha prometido que faria o favor em troca de conhecimentos e que ela o ensinaria operações de matemática; isso foi mais que suficiente para o pai do menino colocá-lo na garupa de um cavalo e o levar até à casa do escolhido de Bruna.

    Ao se aproximar da casa, um jovem alto com um forte sotaque italiano os recebeu. O menino pediu para falar com ele em particular e lhe mostrou a carta, e com um rápido piscar de olhos o fez entender que era segredo entre eles, então o rapaz o levou até um lugar reservado. Quando recebeu a carta e leu o nome de quem a remetera, perdeu a cor, deixando transparecer tremor em seus lábios. Questionou o menino sobre a veracidade do nome e obteve como resposta um juramento do garoto de que era mensageiro da verdade, e que se ele não quisesse a carta poderia lhe devolver que guardaria até sua amiga chegar. Diante da reação do menino, o escolhido de Bruna entendeu que não estava no meio de uma brincadeira. Colocou a mão no bolso, puxou uma nota de dinheiro e entregou ao garoto, que recusou e explicou ao rapaz que não estava lhe prestando um serviço e sim uma gentileza à amiga. O rapaz ficou meio desconcertado, desculpou-se e prometeu que guardaria a carta com muito cuidado e carinho. O menino se despediu e, quando ia saindo, virou-se para Lorenzo e olhando bem firme em seus olhos o alertou que deveria tomar muito cuidado com o que ia fazer, porque ele jamais permitiria que sua amiga sofresse qualquer decepção. Seria capaz de fazer qualquer coisa para protegê-la. Quando Lorenzo olhou para o garoto sentiu um intenso arrepio e viu à sua frente um ser bem diferente daquele menino franzino que havia chegado à sua casa; o que ele via agora era um homem bem mais alto e forte do que ele, com uma armadura de cavaleiro templário e uma brilhante e imensa espada na mão.

    O filho de italiano perdeu o chão e ouviu uma voz extremamente autoritária lhe ordenar: "Abra e leia com atenção". Quando ele abriu o envelope, dentro estava apenas um pedaço de papel dobrado em forma de um coração onde estava escrita a frase "Estou viajando para a Europa para estudar, me espere". Junto, uma assinatura que Lorenzo demorou a acreditar. Bruna Gandorff. Quando o moço recobrou os sentidos, deparou-se com um menino franzino e sorridente a seu lado, o moleque lhe orientou a guardar a carta em lugar que ninguém pudesse encontrar. Perguntou o que ela havia escrito, e recebeu uma olhada de Lorenzo que quase o fez sair correndo, mas o jovem escolhido lhe disse apenas uma frase "vou esperar". O menino ia saindo com seu pai quando foi chamado pelo moço, que quis saber seu nome; ele respondeu "Sião" e saiu sorridente montado na garupa do cavalo de seu pai, que queria saber se ele havia ganhado algum dinheiro do moço; o filho lhe respondeu que não tinha feito nada por dinheiro e deu o assunto por encerrado.

A Vida de Bruna na Europa

Bruna estava na Alemanha fazia algum tempo e ainda não havia começado na universidade, estava esperando sua mãe organizar a documentação necessária para começar logo os estudos. Ela não conseguia ficar sem atividade, chamou sua tia e perguntou se havia algum lugar onde ela pudesse desenvolver um trabalho filantrópico. Não tinha necessidade de dinheiro, mas não queria se sentir inútil ou viver na ociosidade, achava que seu tempo era muito precioso para perder falando da vida alheia, como faziam suas tias e muitas de suas amigas no Brasil. Sua tia prometera levá-la a uma casa de repouso que costumava visitar, e certamente lá estariam precisando de voluntários. O número grande de idosos que eram abandonados pelos familiares ou se perdiam nas guerras que assolavam a Europa naquela época era grande; isso deu um ânimo especial a Bruna, que começou a fazer seus planos para trabalhar na casa de repouso mesmo antes de conhecer ou saber se seria aceita como voluntária. Já se aproximava a primavera na Europa e as árvores começavam a mostrar suas primeiras flores, quando começaram as aulas na universidade que receberia a aluna superdotada, a qual durante todo o semestre foi anunciada como um grande feito do povo germânico, que seria apresentada ao mundo e firmaria a supremacia desse povo. Bruna não tinha conhecimento dessa postura da universidade, que estava se preparando para usá-la como peça de propaganda. Quando faltavam poucos dias para começarem as aulas, ela recebeu a visita de uma comissão da universidade, que viera lhe informar qual seria seu papel na Alemanha. Ela ficou indignada com tudo o que ouviu, não concordou com a universidade, chamou sua mãe e expôs sua decisão de não ingressar naquela escola, esperaria mais um pouco e faria seu curso em outra universidade, aquela não lhe servia. Toda a família ficou estupefata com sua decisão, mas ela estava disposta até mesmo a enfrentar seu pai para não fazer parte daquele esquema que haviam montado para que ela fosse apresentada ao mundo como exemplo de inteligência e superioridade.

Toda a família relutou para dissuadi-la daquela decisão, mas Bruna não voltava atrás depois que decidia alguma coisa, tinha uma personalidade bem formada e não aceitava ser contrariada em suas decisões, mesmo porque ela fazia tudo dentro da normalidade, não gostava de agir movida pela emoção, para não retroceder em suas decisões. Mas sua mãe precisava esperar até receber a resposta de uma carta que havia enviado para seu marido; sem a palavra dele, ela não tomaria decisão nenhuma. Para sua filha, a decisão de não estudar naquela instituição estava tomada, preferia voltar ao Brasil a se submeter àquela situação deplorável de racismo e preconceito extremo; não se achava superior a ninguém e, portanto, aquele não era um lugar onde ela pretendia permanecer. Bruna agora já não era criança nem adolescente, a menina dos cabelos ruivos havia se tornado mulher e tinha uma personalidade incrivelmente definida, sabia bem o que queria e não deixava brechas para questionamentos sobre suas decisões. Mesmo obedecendo a seus pais, ela fazia questão de frisar que tudo que a desapontasse seria descartado de sua vida e dificilmente ela aceitaria que alguém, e isso incluía seus pais, ditasse o que ela teria de fazer. Bruna havia se tornado mulher.

A Faculdade

Depois de muitos dias, finalmente chegou a resposta da carta enviada ao Brasil, e o pai dela autorizou-a a estudar em outra escola, desde que fosse na mesma cidade. Dona Sofia finalmente fez com que ela ingressasse em outra universidade para cursar pedagogia, uma exigência de seu pai que ela aceitara, mesmo porque desde menina ela desenvolvia esse trabalho junto à comunidade rural da fazenda de seus pais.

Bruna já estava na Alemanha havia algum tempo e ainda não tinha recebido nenhuma visita de sua amiga Sete. Estava saudosa daquela energia e do conforto que sentia quando ela se aproximava e a irradiava, sentia falta daquele arrepio que a presença de sua amiga lhe provocava, estava esperando que a qualquer momento ela aparecesse, porque quando conversaram, uns dias antes da festa de seus 17 anos, ela lhe disse que se encontrariam na Europa e até o momento não havia acontecido nada; nem mesmo ela pedindo todas as noites, a dama de preto e vermelho aparecia. Essa distância criava uma expectativa em Bruna, que estava acostumada a ver em volta de sua cama aquela mulher alta de postura ereta, de cútis branca, cabelos longos pretos, com seu vestido exuberantemente lindo de cores bem chamativas, com lindos anéis dourados e ornamentados com pedras preciosas de cores vermelha ou verde-esmeralda embelezando seus dedos. Sempre a olhando com um belo e fascinante sorriso. Tudo aquilo fazia falta na vida da menina, como era tratada pela Pombagira, pois, além de estar longe da casa dos pais, ainda não havia recebido uma única visita de sua amiga.

Os estudos da filha do sr. Hans estavam indo muito bem, quando ele resolveu que lhe faria uma visita. Agora que seu segundo filho tinha voltado ao Brasil, ele podia fazer sua viagem tranquilo, os dois rapazes eram muito competentes e dedicados aos negócios da família.

Essa visita certamente fortaleceria o estado emocional de Bruna, que começava a achar a Europa meio tediosa, mais por conta da falta que estava sentindo de sua amiga Sete do que estar no Brasil. Exceto de seu pai, que logo que soube que sua filha estava se sentindo muito só na Europa resolveu lhe fazer uma visita.

Quando Bruna soube da viagem do pai, ganhou um ânimo novo, mergulhou nos estudos e esperava que seu velho chegasse logo, pois estava com saudades. Enquanto ele não chegava à Alemanha, ela se dedicava aos estudos e apelava também pelas visitas de sua amiga.

Certa noite, quando dormia profundamente, foi acordada com um carinho em sua testa, era alguém muito especial. Ao abrir os olhos e ver sua amiga Sete com aquele sorriso característico de quem é feliz, sentiu seu coração palpitar; imediatamente, sentou-se na cama e começaram a conversar. Sua Guardiã, que não tinha tempo a perder e foi direto ao assunto, deixou claro para sua menina que a hora era chegada e que estavam atrasadas, mas que pelo fato de ela ter ido estudar em outro continente, havia ganhado um pouco mais de tempo, mas estava sendo cobrada por atitudes mais concretas. Mas agora ela tinha de começar, explicou que estava se aproximando um grande evento no planeta, e que o baixo etéreo estava conspirando para que isso acontecesse o mais rápido possível. Portanto era necessário que elas começassem a trabalhar imediatamente.

Na Europa havia milhares de pessoas desabrigadas, ainda resquícios da primeira grande guerra, e esses irmãos necessitavam de socorro. Adiantou que havia escolhido o Brasil para receber essas pessoas, entretanto teriam de começar a trabalhar o mais rápido possível. Ao se despedir de sua protegida, deixou-lhe uma lembrança do Brasil: soprou em seus ouvidos um nome, Lorenzo.

A filha do Sr. Hans acordou de seu transe com um ânimo novo, tinha encontrado sua amiga e protetora, mas em sua mente soava um nome estranho que ela relutava em lembrar. Quem seria aquela amiga tão amada? Enfim, Bruna não se importava com quem ela era, o que interessava no momento era o fato de sua Guardiã ter lhe visitado novamente e ter acabado com a angústia que nos últimos dias tinha lhe incomodado tanto. Agora só lhe restava esperar que seu pai chegasse para sua felicidade ser completa.

Enquanto tudo começava a clarear para ela, sua dedicação na universidade era motivo de orgulho para os dirigentes da instituição, que em suas reuniões sociais comentavam sobre o desenvolvimento da moça brasileira que estudava na cidade. Nesse período em que estava morando na Alemanha, alguns moços se aproximaram e alguns até a pediam em namoro, mas ela já estava comprometida em seu coração; mesmo a distância não parava de pensar em Lorenzo, que no seio familiar também se esforçava para esconder seu sentimento; não podia revelar seu amor secreto. Os amigos galhofavam dele pelo fato de não ter namorada, mas Lorenzo não estava preocupado com isso, ele sabia esperar, não era por falta de pretendentes, ele esperaria sua princesa ruiva. O mesmo sentimento Bruna tinha do outro lado do oceano; os rapazes não lhe interessavam, ela tinha outras preocupações e não queria perder seu tempo com namoro infrutífero. Sabia que era amada no Brasil.

O dia amanheceu na belíssima cidade europeia. Bruna contemplava a primavera que acabara de chegar, todas as árvores estavam floridas e muitos pássaros faziam suas revoadas matinais para formarem seus pares e, assim, dar início à reprodução e continuidade da espécie. Ela gostava de andar pelas ruas coloridas da cidade, por isso preferia ir à universidade andando, assim também aproveitaria a brisa agradável e o clima primaveril da belíssima cidade alemã de Dusseldorf. Para ela, aquilo tudo era como se estivesse sendo revivido, em sua mente as lembranças da passagem pela Europa na última encarnação ainda estavam bem conservadas, era um espírito em evolução e já conseguia guardar muito de seu histórico espiritual sem que ele o perturbasse. Bruna seguia sua rotina com os estudos, estava ansiosa para que seu pai chegasse logo à Alemanha; sentia muita falta da família e já estava há quase um ano fora de sua casa. Sentia imensa falta das conversas que tinha com sua mãe e do trabalho voluntário que desenvolvia na área rural ensinando os filhos dos colonos, também se lembrava de Lorenzo e ficava imaginando se o amiguinho havia entregado sua carta e qual teria sido sua reação, mas daria um jeito de descobrir quando seu pai chegasse, ela sempre conseguia as coisas com ele.

Bruna estava na Alemanha havia mais de um ano e não era rotineiro ficar com Lorenzo em seus pensamentos por longo tempo, mas de uma hora para outra seus pensamentos se tornaram constantes, até mesmo sonhos tivera com o rapaz. Para ela, as lembranças eram por conta do tempo que havia passado e da distância que se encontrava. Mas o interessante é que os pensamentos ficavam cada vez mais próximos. Bruna nem desconfiava da interferência de sua amiga Guardiã nesse fenômeno. Dona Sete estava começando um dos mais difíceis trabalhos de aproximação que realizaria; ela teria de aproximar velhos conhecidos cheios de traumas, e com várias tentativas frustradas de concertar erros cometidos no passado, que estavam com prazo de validade bem próximo a vencer, e eles teriam de se acertar antes que fosse tarde para ambos. E assim dona Sete não tinha tempo a perder, teria de se desdobrar para juntá-los. Ela também era envolvida nessa trama e estava trabalhando para se livrar dela e sanar um carma que havia adquirido por conta de um ato do passado. Em encarnação anterior tinham disputado o amor de um homem e acabou vitoriosa, mas a disputa não aconteceu de maneira leal e, por conta disso, foi bastante infeliz; ela agora precisava devolver esse homem à sua verdadeira merecedora, no momento essa mulher era Bruna. Dona Sete precisava que eles se encontrassem, resgatassem o passado e rumassem em direção à evolução espiritual. Mas enquanto não chegava esse tempo, ela trabalhava para aproximar o casal. Consolidando os estudos e com o passar dos meses, Bruna ficava cada dia mais ansiosa para voltar ao Brasil.

Certo dia, o carteiro chegou à casa da tia de Bruna e quis lhe falar em particular, trazia correspondência que deveria ser entregue exclusivamente a ela. Sua mãe havia lhe endereçado uma carta confidencial; quando ela abriu e começou ler, não conteve as lágrimas; sua mãe dava notícias de Lorenzo e se demonstrava muito contrariada com ela, deixava bem claro que jamais concordaria com tal casamento e tampouco permitiria que seu pai concordasse. A mãe noticiava também que o marido havia viajado para a Alemanha, pedia que não comentasse sobre tal escolha e deixasse para resolver essas coisas no Brasil. Quando Bruna leu a carta sentiu uma estranha angústia, ela não esperava que sua mãe se opusesse à sua escolha. Quando soube do posicionamento da mãe, Bruna ficou arredia, sua tia queria saber o porquê de sua tristeza, ela desconversava dizendo que eram saudades do Brasil, mas que logo passaria. Enquanto seu pai não chegava à Alemanha, ela se dedicava aos estudos e fazia planos de voltar a seu país tão logo concluísse os estudos.

Já havia muitos dias que ela estava querendo falar com sua amiga Sete, depois que recebeu a carta da mãe, começou a entrar em desespero; precisava conversar com alguém sobre o assunto e não havia ninguém em quem ela pudesse confiar, a não ser seu amiguinho que havia levado sua carta para Lorenzo, mas este estava no Brasil, restava então sua amiga Sete, que atendeu ao seu chamado visitando-a à noite; as duas amigas conversaram bastante sobre o assunto, inclusive a Guardiã lhe contou alguns detalhes de suas vidas passadas e lhe deixou na mente boa parte da história, para que ela começasse a se acostumar com os fatos novos que apareceriam.

Depois de uma noite bem dormida e um belo encontro com sua amiga, Bruna acordou bem disposta, e aquela angústia que a estava incomodando no dia anterior havia sumido, e agora o que interessava à moça era que o tempo passasse rápido, para ela concluir seu curso e voltar ao Brasil o mais rápido possível. Quando fosse a hora certa, as coisas entrariam nos eixos, segundo dona Sete havia deixado em seu pensamento durante o encontro da noite anterior. Ela estava prestes a assumir um trabalho voluntário na cidade e isso também a deixava feliz, não era somente a universidade que lhe preenchia o tempo, ela tinha prazer em ajudar seu semelhante, era um espírito que estava em pleno estado de evolução, e por estar aqui para resolver coisas simples, praticar caridade era sua rotina, porque não existe outra maneira de evoluir a não ser pelos atos de benevolência que praticamos.

Quando Bruna chegou da escola, recebeu a agradável surpresa da presença de seu pai, que havia chegado para visitá-la. Apesar do esforço dela para esconder do pai sua preocupação com a carta da mãe, ele conhecia a filha e quis saber o que estava acontecendo com ela, que disfarçou se dizendo saudosa da mãe. Para ela foi muito bom a visita do pai, puderam ir a vários lugares, andaram em museus, parques, casarões, foram muitos os passeios que fizeram, colocaram a conversa em dia. Seu Hans quis saber como estavam tratando-a na universidade, perguntou sobre o episódio da outra escola, não via nada muito diferente do que ele pensava, mas para uma jovem filha de alemães nascida no Brasil era muito diferente a cultura do ser superior, que estava bem viva na Alemanha daqueles tempos.

Hans não desgrudou de Bruna durante todo o tempo em que esteve na Alemanha, ela também ficava longe dele apenas quando estava na universidade. Certo dia seu pai quis conhecer a escola da filha e pediu uma reunião com os diretores, e foi atendido prontamente. Em uma conversa bem formal entre ele e a direção da escola, recebeu todas as informações a respeito da filha, ela foi muito elogiada por todos, ele recebeu elogios como pai educador e defensor dos costumes germânicos. Ao sair da reunião, com o corpo docente da universidade, ele era a imagem do alemão que tem orgulho de sua origem, que carrega o sotaque germânico e faz questão de expressar sua nacionalidade.

Bruna já o esperava no pátio da universidade, sabia que tinha boa reputação entre os mestres, portanto nada a preocupava, exceto um vento frio que começava a refrescar a Europa. Já estava no meio do outono e as temperaturas começavam a declinar; preparava-se para mais uma temporada de extremo inverno. As árvores já não tinham mais tantas folhas e as aves que haviam procriado no verão já faziam suas revoadas rumo aos países menos atingidos pelo inverno.

Bruna sabia que teria de ficar mais um tempo na Europa, estava faltando ainda um ano para concluir seu curso; ela sabia que depois que começasse o trabalho voluntário os dias passariam mais rápido, apegava-se à presença do pai para matar a saudade de sua família, mas quando pensava em Lorenzo, batia-lhe certa tristeza, sabia que teria de enfrentar uma batalha dura para viver esse amor que havia transpassado seu tempo e que não poderia mais esperar por outra encarnação para ser resolvido sem ter de passar pela dor. Bruna confiava em sua amiga Sete; nunca imaginou desobedecer a seus pais, mas se fazia necessário que ambos se livrassem desse carma.

Bruna era um espírito experimentado, já havia passado por varias encarnações, estava acostumada a passar por essas dificuldades, essa seria apenas mais uma de suas batalhas, sendo que desta vez ela contava com a ajuda de uma amiga poderosíssima. Dona Sete não descuidava um minuto sequer de sua protegida; enquanto sua menina estava na Europa pensando em como enfrentar sua família para viver seu grande amor, ela passava aqui pelo Brasil trabalhando para que o impacto da escolha de Bruna fosse o mínimo possível dentro da família. Quando a mãe de Bruna dormia, ela ficava ao lado da cama emanando fluidos tonificadores em seu corpo adormecido, chamava o espírito para um passeio e rumavam para a Europa antiga, onde mostrava para ela o porquê da necessidade de haver o casamento entre sua filha e o jovem Lorenzo. E já deixava um resquício do sonho na mente da mãe de sua protegida, assim foram noites e noites de trabalho de dona Sete. Sempre que tinha esses encontros noturnos com a Pombagira, a mãe de Bruna acordava bem disposta e com muita saudade da filha, não via a hora de acabar logo esse período de estudos para que sua menina voltasse para casa, mas quando lembrava que sua chegada implicaria vê-la namorando um rapaz que não era filho de alemães, desejava que ela ficasse por lá mais algum tempo até esquecer o moço, filho de italianos. Nessas horas, dona Sete se aproximava e suavemente soprava em seus ouvidos que o rapaz era um bom par e iria fazer sua filha muito feliz, e dava um jeito de lhe emanar mais fluidos tonificadores, que rapidamente dissipavam seus pensamentos, mas fazia questão de intuir a mãe de Bruna a pensar em Lorenzo de maneira diferente. De vez em quando, dona Sofia se pegava pensando em aceitar o namoro de sua filha com um rapaz que não fosse alemão nem descendente, mas parava na possibilidade de seu marido não aceitar e mandar sua filha de vez para morar na Europa; só de pensar nisso, repudiava imediatamente a ideia e voltava a defender que não podia haver mistura em sua família.

Enquanto ela se debatia com seus pensamentos no Brasil, na Europa, Bruna estava concentrada em seus estudos e quase não tinha tempo para se envolver com tais preocupações, deixava para resolver tudo em seu tempo e aquele não era o momento de tomar decisões. Ela andava um pouco triste porque seu pai estava falando em voltar, dizia que estava na hora de retornar ao Brasil e assumir seus negócios que estavam sendo administrados pelos filhos, e, segundo falava, ainda tinham muito para aprender. No momento era só o que a perturbava, ela era muito apegada ao pai, não queria que ele voltasse, mas sabia que se fazia necessário seu retorno.

Por ser uma jovem muito responsável, ela entendia perfeitamente o posicionamento dele; quando estava se aproximando o dia da viagem de Hans ao Brasil, ela recebeu uma visita inesperada e sempre muito desejada: ao se deitar para dormir, sentiu que seu quarto estava diferente, para todos os lugares que olhava parecia que havia alguém a observando. Começou a prestar mais atenção ao movimento que estava acontecendo em sua volta e percebeu que realmente tinha uma lindíssima mulher em seu quarto; fechou seus olhos porque não queria ver quem era. Sentiu um pouco de receio em ficar sozinha, mas resolveu que ficaria sim, pensou em sua amiga Sete, mas nem imaginou que era ela quem estaria ali. Ao prestar mais atenção no ambiente, percebeu que não havia mais movimento nenhum, ela se questionou se não era sua imaginação, resolveu apagar a luz e dormir, afinal teria de acordar cedo e ir para a escola, mesmo porque tinha muitas matérias para estudar. Enquanto o sono não chegava, começou a pensar em como estaria sua mãe no Brasil; nesse dia ela não se lembrava de dona Sofia com nenhum receio, apenas sentiu saudade dela. Nesse momento sentiu um prazer momentâneo e lhe parecia estar abraçando sua mãe, sentiu até o calor de seu corpo, aquela sensação foi tão forte que ela se levantou e começou a chorar, mas ao seu lado estava dona Sete, que lhe aplicou um passe magnético que a acalmou. Bruna novamente caiu em sono profundo; nesse instante, dona Sete equilibrou o mental do espírito que estava adormecido ao lado de sua cama, também despertou o espírito de Bruna, ela precisava fazer com que houvesse um diálogo entre eles. Dona Sete tinha levado a mãe para ter um encontro com a filha, elas precisavam colocar alguns assuntos em dia. Quando despertaram os dois espíritos, ao se avistarem, se abraçaram e começou um choro incontrolável. Dona Sete imediatamente chamou a atenção delas, mandou que parassem com aquele *show* desnecessário, porque ela não tinha tempo a perder com aquele tipo de bobagem, enquanto trabalhava para estabelecer um diálogo harmonioso entre mãe e filha. A Pombagira ordenou que a equipe Sete Encruzilhadas entrasse com outro espírito que estava semi-inconsciente aguardando em uma sala ao lado; ao se encontrarem no mesmo espaço, houve uma quase euforia de Bruna, que foi logo contida por dona Sete, que lhe falou para se compor e ficar calada e simplesmente escutar o que ela teria a falar para os três viventes.

Nesse momento pediu para ambos se sentarem e assistirem a uma projeção em uma tela que havia plasmado na parede do quarto de Bruna. Primeiro chamou a atenção de dona Sofia, para prestar atenção no espírito que havia entrado no ambiente e ela não tinha sequer notado; mandou que se cumprimentassem falando seus nomes de viventes, logo em seguida começou a passar um filme da vida de Bruna e Lorenzo. Nesse filme podíamos observar um período remoto, mas com semelhança com o contemporâneo. Nessa projeção assistimos a cenas de um cotidiano entre os muros de pedra de um castelo europeu.

Cuidando de um jardim, cantarolando entre as flores, um jovem ruivo era serviçal de uma suntuosa casa real, que se encontrava incrustada na montanha composta de árvores frondosas que formavam uma paisagem belíssima bem florida. Dentro daquela muralha estava vivendo encarnado em um corpo esguio o espírito que agora atendia pelo nome Lorenzo. Dentro de tal castelo habitava uma rainha infeliz e extremamente maldosa. Seu maior prazer era humilhar seu semelhante; em muitos casos chegava a ordenar que fossem espancados em sua presença, para isso usava seu cúmplice, um sujeito de extrema brutalidade que se divertia em praticar as maldades que ela lhe pedia. Nessa época, a rainha desse palácio ainda não se chamava Sofia, agora sim esse espírito, que antes praticara tantas atrocidades, atendia por tal nome. Enquanto o moço cantarolava pelo jardim, uma menina de olhos azuis era mantida quase que prisioneira dentro de um dos quartos do gélido castelo e vigiada por algumas mulheres que cuidavam para que ela não sentisse falta de absolutamente nada. Assim foram passando vários anos, e a rotina daquele pequeno reinado não se alterava; a menina já não era mais tão criança assim e aquele moço também já havia crescido o bastante para se defender das agressões do carrasco cúmplice da rainha, que também havia envelhecido, mas não melhorara seu índice de maldade.

Algumas vezes a poderosa rainha permitia que a filha andasse um pouco pelo pátio do castelo. Quando passeava entre a muralha florida, aquela criança de outrora se encontrava com o zelador do jardim; em várias ocasiões até se olhavam, em uma dessas saídas da menina, que agora já era moça, aconteceu um olhar mais demorado entre os jovens, que foi notado por uma das amas da moça, que, tomada pela inveja da juventude e beleza da menina, resolveu que falaria com sua rainha sobre o olhar entre o jardineiro e sua filha. Logo que a jovem se recolheu, a ama procurou sua mãe e relatou o que havia presenciado durante o banho de sol da pequena princesa. Dominada pela raiva e ódio por sua filha, a rainha resolveu que a partir daquele momento eles jamais se encontrariam; mandou chamar o verdugo que fazia o serviço sujo e ordenou que tirasse o rapaz de perto de sua filha, e onde quer que ele fosse parar, ainda assim ela consideraria próximo, portanto ele saberia o que fazer. Ordenou também que ele mantivesse sua filha presa dentro do castelo por tempo indeterminado, sua ordem era para que ele executasse um bom serviço; mandou também que levasse a ama denunciante junto e os executasse.

Assim então o infeliz carrasco prendeu o jovem jardineiro e a ama que havia feito a trama para a rainha. Durante o filme pôde se ver que também aparecia um senhor preso dentro de um dos aposentos reais ele estava sem sua visão, seus olhos foram furados pelo carrasco a mando da rainha, que ambicionava o poder soberano. Ela mandou cegar e aprisionar seu marido, e forçou seu fim ministrando-lhe diariamente uma pequena dose de veneno, até que ele sucumbiu fisicamente e veio ao desencarne. A rainha o enterrara no pátio do castelo e assumiu o comando do pequeno reino; depois desse acontecido, ela conduzia com mãos de ferro seu povo e vivia de cometer atrocidades de toda forma, considerava que todos os habitantes do minúsculo reinado eram seus inimigos.

Seguindo à risca as ordens da rainha, o carrasco aprisionou os dois serviçais; desse modo, foram levados ao topo da montanha, na qual o castelo ficava incrustado, o jardineiro e a ama para serem mortos, mas antes de ser aprisionado, o rapaz percebeu que alguma trama estava sendo desenvolvida dentro do reinado e começou a se esconder atrás das portas, em uma das vezes em que estava à espreita escutou o carrasco dizendo para a ama o que a rainha havia lhe ordenado fazer, mas se ela aceitasse seus caprichos ele a pouparia, matando apenas o jardineiro. Instruiu-a para ficar em segredo, caso contrário a mataria ali mesmo dentro do castelo. Para continuar viva, ela aceitou permanecer na montanha à sua espera, amarrada a uma árvore; o carrasco adiantou que a visitaria todas as noites, no entanto era inútil tentar fugir. O jardineiro então começou a rasgar suas roupas e construir cordas, estas eram enroladas em seu corpo, dando-lhe um aspecto de pessoa que está acima do peso; ele continuava desenvolvendo seu trabalho normalmente até que, em um fim de tarde, o carrasco o chamou, entregou uma pedra em suas mãos e ordenou que o acompanhasse junto com a ama. O moço pediu para pegar um agasalho e entrou em um dos esconderijos do castelo, desenrolou a ponta da corda que havia construído, amarrou na pedra e colocou-a nas costas; então subiram a montanha os três sem trocarem uma única palavra, o carrasco conduzia os dois para o matadouro, um seria abatido fisicamente, o outro seria sacrificado aos poucos. A ama que ousou contar para a rainha que os jovens haviam se olhado pagaria alto preço por sua interferência no destino daquele casal, que mesmo contra todos os costumes e tradições da época havia firmado um pacto ainda quando habitavam o plano espiritual.

Mesmo sabendo das dificuldades que encontraria, era assim que tinha de ser, essa foi a única opção dada a eles para se redimirem das muitas falhas que haviam cometido em suas existências anteriores. Eles haviam se comprometido bastante ao praticarem juntos vários crimes contra seus irmãos de tribo na última vez que passaram pelo plano físico. O moço continuava subindo a montanha e a pedra começava a pesar muito e a machucar suas costas, quase não conseguia mais se deslocar. Quando tropeçou em um galho que estava na trilha, desequilibrou-se e caiu rolando violentamente montanha abaixo, com aquela pedra amarrada em seus ombros. Todas as vezes que ele batia com a cabeça no chão, a pedra pressionava seu crânio, esmagando-o cada vez mais, seu corpo desapareceu na montanha, nem mesmo o carrasco conseguiu localizá-lo. No mesmo lugar de onde o jardineiro despencou ele amarrou a ama, e começou a abusar dela praticando na noite todo tipo de tortura; não parecia ser de um espírito humano tal comportamento, tamanho era o grau de maldade que existia no inconsciente daquele ser.

Ao retornar ao castelo, o verdugo procurou a rainha para dar a notícia das execuções, ela o recebeu prazerosamente em seus aposentos, mandou que entrasse e fechasse a porta, porque não queria que sua conversa fosse ouvida por alguns de seus serviçais, que ainda trabalhavam. Ele entrou, sentou-se e recebeu como cortesia um copo de vinho, o qual ele sorveu de uma vez; olhou para a rainha e não teve tempo de falar nada nem cerrar os olhos, tamanha a toxidade do veneno que acabara de ingerir.

Em outro aposento no palácio, uma jovem de tez branca, pálida e cabelos ruivos começava a sentir os efeitos da falta de sol, sua saúde começava a dar sinais de fraqueza e suas energias começaram a minar com muita rapidez. Um dia ela chamou sua mãe e pediu para sair do quarto, a rainha concedeu o pedido e pessoalmente a levou ao jardim. Quando a moça andou por todos os lugares e não viu seu amado, sentiu uma dor insuportável tomar conta de seu abdome, seu coração começou a bater de maneira descompassada e ela pediu para a mãe a levar de volta a seu quarto. Olhou para a rainha e perguntou onde estavam o rapaz e sua antiga ama, sem saber que ambos haviam sido assassinados e devorados pelos animais e aves carniceiras da floresta; nem imaginava que sua ama fora devorada ainda viva, pois estava amarrada ao tronco da árvore não tendo como se defender das feras. A rainha não respondeu, ela não sabia dos acontecimentos, não deu tempo para que o carrasco contasse, não queria saber, apenas informou que eles haviam saído do castelo. Depois desse dia a menina perdeu a vontade de andar pelo pátio do pequeno reinado.

Reclusa em seu quarto, a moça definhava a cada dia, desistiu de viver e passou a se alimentar menos, até que em uma noite seu coração parou. Ela não aguentou a falta de seu amado, amor este que foi vivido em silêncio absoluto, sem que eles jamais trocassem uma palavra, nada mais além de olhares, um amor interrompido pelo ciúme e a inveja externada por sua mãe, que intoxicada pelo ódio resolveu dar um fim à vida da filha no ápice de sua juventude.

Quando o filme foi interrompido, dona Sete se colocou entre a tela e os espíritos ali presentes; e perguntou se Sofia ainda se achava superior aos outros, aconselhou cada um deles a se limpar primeiro antes de querer ver quanta sujeira tinha seu semelhante.

– Todos vocês são criminosos e precisam corrigir suas barbáries; se não estão cometendo crimes hoje, já o cometeram ontem. Aqui não há inocentes, nem melhor ou pior, são todos passageiros do mesmo barco, então comecem a se redimir antes que seja tarde e vocês tenham de pagar um saldo bem maior que o que foi combinado. É sempre bom lembrar que dívida não acaba antes de ser paga. Vai ser bem melhor para todos nós, porque, como falei, aqui não há inocente. Mesmo em tempos remotos, cometemos nossos crimes; nessa época quem destruiu a vida dessa moça, que é sua filha hoje, foi você, mas essa foi a maneira que você arrumou de se vingar do crime que esse espírito já havia praticado contra você. Mas se ficarmos enredados na vingança, jamais atingiremos a evolução espiritual. Esse moço também não é inocente nem vítima de nenhum algoz, esse espírito já desposou uma vez esse outro que é mãe da menina hoje e a trocou simplesmente pela outra e assassinou sua esposa com fortíssima dose de veneno e ficou impune à justiça dos senhores da tribo, que realmente acharam que ela havia se suicidado. Por esse motivo é que resolvi os reunir aqui longe do Brasil e bem perto de onde aconteceu toda essa trama, para que todos sintam as vibrações do tempo em que viveram e procurem guardar em suas mentes algumas informações sobre essa reunião; e procurem em seus históricos interiores, que certamente acharão mais crimes cometidos contra seus irmãos. Quando estávamos todos juntos naquele reino, tínhamos combinado ainda no mundo etéreo que dessa vez não nos envolveríamos em crimes e ficaríamos um defendendo o outro, mas o que fizemos? Cada um retomou o que havia de pior em seu eu interior, deixamos que nossa mente criminosa se destacasse e nos perdemos novamente na vaidade. Eu mesma fui a causadora de meu próprio assassinato, porque como era a ama que levou ao conhecimento da rainha que sua filha estava interessada pelo jardineiro, ela mandou que seu carrasco me desse um fim junto com o moço. Paguei meu preço e ainda tenho a pagar, portanto os únicos que conseguiram passar por aquela existência sem se envolver em crimes foram o moço e a moça que foram vítimas da maldade de nossa rainha e seu amante, mas que pagaram o preço da existência anterior porque haviam se envolvido no crime contra a esposa desse irmão, que hoje tenta resgatar e pagar seus débitos.

Quando acabou de falar aos irmãos, já era começo de dia na Europa, e dona Sete teria de pôr fim aos trabalhos daquela noite, pegou sua menina pela mão e a devolveu ao corpo físico, em seguida retornou ao Brasil com Sofia e ordenou seus amigos Guardiões que devolvessem Lorenzo ao corpo físico em segurança. Quando concluíram os trabalhos e os seres já estavam acordados, chegou o Senhor Sete Encruzilhadas, os dois se abraçaram e com um largo sorriso ele sentenciou: "Vamos tomar uma bebida e fumar um bom charuto que ninguém é de ferro". Rumaram os dois em direção à encruzilhada de dona Sete.

Quando acordou, dona Sofia estava se sentindo estranha, parecia que não havia dormido, chamou um dos filhos e comentou que tinha amanhecido com saudades de Bruna, não estava aguentando mais a distância da filha e do marido, isso lhe provocava solidão. Quando os filhos saíram para o trabalho, ela se recolheu ao quarto e começou a se lembrar de algumas passagens que tiveram importância real em sua vida, a saudade de sua filha apertou e ela chorou compulsivamente; naquele momento, tudo que ela queria era encontrar sua menina, beijar seu rosto e lhe dizer como a amava.

Sofia acabou adormecendo novamente, teve um sonho com um rapaz estranho. Quando acordou, tinha certeza de que nunca o havia encontrado, mas em seu pensamento ele não era tão estranho assim; no sonho ele a chamava pelo nome de sua filha. Mesmo ela falando que não era Bruna, ele continuava a lhe chamar pelo nome da menina, mesmo no sonho ela achava estranha a maneira como ele falava, havia um sotaque diferente que não conseguia identificar de que país ele era, o estranho era ele saber o nome de sua filha. Ela estava deitada em sua cama sem vontade de se levantar até que uma de suas empregadas bateu na porta do quarto despertando-a; ela se levantou completamente confusa, jamais dormira até aquela hora, tentava esquecer tudo que sonhara, mas seus pensamentos não saíam daquele rapaz que insistia em chamá-la de Bruna. Durante o dia ela não se esquecia dele, agora, mais desperta, começava a raciocinar com mais clareza e se esforçava para se lembrar daquele moço e se o conhecia de algum lugar ou seria simplesmente um sonho.

Enquanto dona Sofia se debatia com seus pensamentos sem chegar a nenhuma conclusão, dona Sete trabalhava junto a Bruna na Alemanha, fazendo com que ela se dedicasse aos estudos que estavam em fase de conclusão. Ela precisava voltar logo ao Brasil e dar início aos trabalhos de reparação de seus débitos com Lorenzo, porque no mundo dos guardiões não há lugar para devedores que se recusam a pagar suas dívidas. Nesse mesmo tempo, dona Sete intuiu o pai da moça a viajar de volta ao Brasil, ele teria de preparar o caminho para o retorno da filha, que ficaria na Europa somente seis meses, o tempo necessário para terminar seu curso e retornar à sua terra natal, pois era no Brasil que ela começaria sua jornada rumo ao mundo das Pombagiras. Bruna não se lembrava de nada do sonho, exceto uma pequena lembrança de sua mãe; achava que era saudade, porque já não se viam havia bastante tempo. Nesses dias que haviam se passado, do encontro entre os envolvidos na trama, dona Sete não deixava a mãe de Bruna se esquecer do sonho, era a maneira de lhe manter atenta ao que aconteceria em breve.

Hans Retorna ao Brasil

Certo dia, antes de Bruna sair para a escola, seu pai lhe chamou e comunicou que estava na hora de voltar ao Brasil. Ela ficou meio triste, mas sabia que esse dia chegaria a qualquer momento, portanto tratou de se conformar com a notícia e se concentrar em seus estudos, que estavam perto de ser concluídos. Em menos de um ano ela também retornaria ao Brasil, ficou pensando no dia em que ficaria sem seu pai por perto. Ela retornou da universidade já com uma carta elaborada para sua mãe, na qual afirmava para ela sua disposição de, quando retornasse ao Brasil, assumir seu namoro com Lorenzo.

Durante a noite, ela conversou muito com seu pai e ficou sabendo que sua partida se daria dentro de cinco dias, e que dessa vez ele faria uma viagem mais rápida que a ida, mesmo porque não desceria em nenhum outro país. Bruna ficou triste, mas ao mesmo tempo ansiosa, porque dentro do envelope que seguia a carta para sua mãe, seguia outro endereçado ao seu amado, onde ela reforçava o pedido para que ele a esperasse e fazia-lhe juras de amor eterno. Dedicava-lhe lindos poemas apaixonados, mostrava-se uma jovem decidida e interessada em se casar com ele, nem que para isso ela tivesse de enfrentar algumas dificuldades. Deixava claro para ele que esse problema era dela e seria resolvido sem grandes dificuldades, mas pedia para que ele se mantivesse guardando o segredo, não queria que sua família o aborrecesse.

Com a partida de seu pai, a jovem se entristeceu um pouco e passou a se dedicar cada vez mais aos estudos. Na universidade, todo o corpo de professores ficava impressionado com seu desempenho, faziam planos de contratá-la como professora. Era considerada superdotada de inteligência, tinha emprego garantido na Alemanha, mas o que ela mais queria estava no Brasil. Seu amor por Lorenzo era algo que ela não saberia descrever, era totalmente diferente das moças alemãs, que esperavam que seus pais lhes apresentassem alguns rapazes, para que pudessem escolher um.

Para Bruna esse tempo tinha ficado para trás, ela jamais aceitaria se casar com alguém que não fosse por amor. Por isso havia acelerado os estudos para concluí-los e voltar logo ao Brasil. Aproximava-se o inverno na Europa, e Bruna contava os dias que faltavam para o término de seu curso, praticamente se recolheu e com determinação antecipou o trabalho de conclusão de seus estudos. O tempo avançou e ela marcou sua viagem antes do fim do inverno. Já estava com a data marcada quando recebeu uma carta de Lorenzo; nela, ele se declarava ansioso e feliz por ter sido escolhido por ela. Informava-lhe que estava se preparando para uma viagem à Itália, mas que não se demoraria por lá, somente precisava resolver uns negócios de família, retornaria antes que o inverno acabasse na Europa. Deixava claro que estava disposto a enfrentar a família dela e fazer com que todos entendessem que o amor entre eles era indestrutível.

Bruna ficou extremamente feliz, nunca imaginou receber uma carta de seu amado; isso lhe trouxe ânimo para concluir seus estudos e retornar à sua pátria. Mas estava lhe faltando alguma coisa, sua amiga Sete não a visitava havia algum tempo e isso a deixava preocupada, estava muito acostumada com sua presença, mas sabia que ela apareceria a qualquer momento; estava sentindo sua presença nos últimos dias.

Chegou finalmente a última semana de aula e, para surpresa dos professores, Bruna apresentou sua conclusão de curso no último dia de aula. Também comunicou ao corpo de mestres que voltaria ao Brasil no final do ano. Agradeceu pelos convites para trabalhar na universidade, mas explicou que havia feito projetos e que eles seriam executados no Brasil. A filha de seu Hans havia vencido sua última etapa de estudos na Europa e agora queria dar início a projetos pessoais, entretanto era necessário retornar à sua terra natal. Ela tinha consciência de que suas escolhas provocariam forte oposição de sua família, mas tinha fé e certamente venceria tais obstáculos, porém precisava da ajuda de sua amiga invisível, a quem estimava e sabia que poderia contar com seu apoio. Pouco tempo depois de concluir seus estudos na Alemanha, Bruna resolveu que era hora de voltar para casa e embarcou em um navio com destino ao Brasil, durante a viagem ela teve um encontro com sua amiga que lhe preparava para vencer as turbulências que a esperavam. Mas aquele espírito, que agora atendia pelo nome Bruna, era muito experiente e tinha um histórico positivo de lutas pessoais, era adepta do bom combate e essa seria apenas mais uma batalha a ser vencida.

Depois de muitos dias a bordo de um navio, finalmente ela desembarca no Brasil, é recebida no porto e festejada por sua família, mas ela percebeu que sua mãe estava muito diferente, não se sentia à vontade com ela e não foi tão carinhosa como sempre fora. Bruna sabia a razão da diferença de tratamento. Mas queria mesmo naquele momento era chegar à sua casa e rever o lugar onde nasceu.

Na fazenda, os moradores a aguardavam com muita alegria, era muito querida por todos. Seu pai resolveu dar uma festa para comemorar o retorno e o sucesso de sua filha na Alemanha. Sofia se colocou contra o evento, mas foi convencida pelo marido de que seria bom para Bruna e também estava na hora de ela conhecer os rapazes da região, ele queria convidar as famílias de imigrantes alemães para conhecê-los melhor e poderia ser que sua filha se interessasse por algum rapaz; desde que fosse de origem germânica, ele não faria oposição. Sofia o questionou sobre a possibilidade de sua menina escolher outro rapaz, ele enrubesceu endurecendo o diálogo; disse para a esposa que não haveria a menor chance de aprovar um casamento de filhos com alguém que não fosse de sua origem.

Sofia percebeu que não seria fácil resolver esse problema, mas ele era real e iminente. Bruna estava de volta ao Brasil e ela sabia que muito em breve essa bomba explodiria em suas mãos. A atmosfera da casa dos alemães havia mudado completamente com a chegada de Bruna, era mais suave e acolhedor o ambiente na casa grande da Serra Mantiqueira. Enquanto Hans estava animado para dar uma festa e apresentar a filha à sociedade germânica, sua esposa estava se sentindo muito desconfortável em relação ao evento, ela sabia que aquele dia seria o início de seu martírio. Com toda essa preocupação, Sofia começou a se sentir enfraquecida, faltava-lhe disposição para desenvolver as atividades normais e rotineiras da casa. Inexplicavelmente uma enfermidade começou a tomar conta de seu corpo e a provocar dores insuportáveis. Uma atrofia muscular se iniciou e avançava rapidamente, levando a mãe de Bruna para a cama; ela, seu pai e irmãos se revezavam nos cuidados com Sofia. Mas nada passa despercebido aos olhos de uma Pombagira.

Dona Sete acompanhava de perto os acontecimentos na casa de Hans. Já fazia mais de dois meses que Bruna voltara da Europa e não tinha recebido a visita de sua amiga. Certa noite, estava deitada à procura do sono que tardara em chegar; repentinamente sentiu uma brisa suave no ambiente, uma mão carinhosa tocou seu rosto amorosamente, como quem quer se fazer notar. Ela sentiu também aumentar a pulsação de seu coração e uma alegria intensa tomar conta de seu interior. Fechou os olhos e se conectou com aquela presença agradável que ela sabia estar em seu quarto. Praticamente enxergava uma linda mulher a seu lado. Bruna já conseguia se comunicar com sua Guardiã de maneira mais harmoniosa. Dona Sete circulava livremente dentro daquela casa; a Pombagira aproveitou a visita que fizera à sua menina e retirou um espírito sombrio que havia tomado conta do corpo energético de Sofia e implantado uma larva astral em sua hipófise, atingindo assim todo seu sistema nervoso, dando início a um processo de paralisia muscular para que, através da doença, a festa não acontecesse e assim Bruna não revelaria para sua família a escolha que havia feito antes mesmo de ir para a Europa.

Dona Sete fez com que Bruna adormecesse, e juntas foram passear pelos palácios do velho continente, passaram pela Itália e visitaram Lorenzo, que ainda estava nesse país, a esperar que o processo que havia dado entrada para resolver os negócios de família andasse e ele pudesse voltar imediatamente para perto de sua amada, de quem não conseguia se esquecer um só instante. Estava cada dia mais apaixonado por Bruna e determinado a lutar para viver esse amor. Inconscientemente ele estava se preparando para que não acontecesse mais uma vez um impedimento para que eles se casassem e vivessem essa felicidade à qual tinham direito e que já havia sido interrompida em outras duas existências. Durante a incursão pelos palácios europeus, dona Sete relatava para Bruna tudo que havia passado em sua vida nas últimas duas encarnações e a preparava para o que pudesse vir nesta que estava acontecendo. O espírito em questão era muito preparado e estava bem assistido pela Pombagira, mas ainda estava no corpo físico e sua existência não havia chegado sequer à metade. As mulheres, depois que visitaram Lorenzo, continuaram passeando pela Europa, andaram pela Irlanda, visitaram um amigo em comum em um palácio na Escócia, passaram um bom tempo sentadas no último teto da torre Eiffel admirando a beleza da noite parisiense, para onde milhares de espíritos saudosos de suas existências anteriores se deslocam todas as noites e se sentam nos últimos galhos da linda árvore em cima dos prédios, para admirar a cidade e sua intensa vida noturna. Já se aproximava o amanhecer, o espírito Bruna teria de retomar ao seu estado físico. Se dependesse de sua vontade, ficaria andando ao lado de sua amiga por toda a eternidade, mas não é assim que funciona o mundo. As mulheres se soltaram do último degrau da imensa torre e brincaram em um voo rasante sobre Paris. Dona Sete passou a mão sobre os olhos de Bruna e a devolveu ao corpo físico.

    A jovem se assustou com o clarão que entrava pela janela de seu quarto e levantou rápido para ver como estava sua mãe. Quando entrou suavemente nos aposentos dela, encontrou-a dormindo tranquila; fechou a porta e se afastou sem chamar a atenção. Quando estava tomando seu café e preparando o desjejum de Sofia, escutou alguém andando pela casa; assustada, saiu correndo para ver quem havia entrado sem que ela percebesse. Entrou no quarto e não encontrou ninguém, chamou pela mãe, que respondeu do banheiro, disse que estava bem e que a acompanharia no café. Bruna ficou espantada com a rápida e inexplicável recuperação de Sofia, que parecia estar em ótimo estado de saúde. Sua mãe nem de longe era aquela mulher cansada e desgostosa da vida dos últimos meses. Logo em seguida, sua mãe sentou-se e começaram a tomar café e a colocar a conversa em dia; a filha lhe contou sobre o tempo em que esteve na Alemanha e de suas experiências na universidade, mas não tocaram no assunto Lorenzo, ainda não era chegada a hora. As duas evitaram o assunto, mas falaram da festa que o sr. Hans queria dar para comemorar sua volta. Bruna não fazia nenhuma oposição, mas sua mãe era totalmente contrária à ideia de juntar seus conterrâneos. Realmente o ambiente era bem tranquilo na casa de Bruna, mas tinha de ser vigiado sistematicamente, aquele espírito expulso por dona Sete poderia voltar a qualquer momento. Enquanto mãe e filha tomavam café e conversavam, a casa não estava desprotegida.

Sentada em uma cadeira espionando o íntimo de Sofia, a senhora Pombagira examinava cuidadosamente cada trejeito daquele espírito que ainda carregava uma dose de maldade muito grande dentro de seu subconsciente. A nobreza à qual ela havia pertencido ainda estava muito viva dentro de seu histórico. Também havia uma diferença entre os atuais viventes, Bruna e Sofia, que teria de ser resolvida, por esse motivo dona Sete não se descuidava delas, havia interesses para que elas se resolvessem ainda nessa encarnação, para que cada um dos espíritos pudesse seguir viagem por conta própria. Tudo o que acontecia com a mãe refletia na filha, que era muito sensível às coisas espirituais. Mesmo sem saber o que estava acontecendo, Bruna sentia em algum momento seu corpo estremecer; era a energia densa que dona Sofia emanava no ambiente; ela ainda carregava muitos resíduos astrais deixados pelo espírito que havia se mantido parasitando perto dela nos últimos meses, que havia sido expulso naquela noite pela Pombagira.

Dona Sofia estava se sentindo bem-disposta; diferente daquela mulher amarga e sem ânimo para nada, ela começava seu dia convidando a filha para um passeio pela vila na fazenda, sabia que estava agradando sua menina, que tinha o hábito de visitar a casa dos trabalhadores quando as mulheres estavam sozinhas, assim poderia especular sobre o tratamento que seus maridos lhes davam. Bruna tinha um senso de justiça muito aguçado, não suportava maus-tratos entre os empregados da fazenda e vivia orientando seu pai e irmãos para que não se deixassem dominar pela arrogância de se achar superior. Seu pai suportava a posição da filha, mas não concordava; para ele um alemão não pode ser comparado a outras raças, afirmava que o germânico é e sempre será a raça superior.

Logo que acabaram de tomar o café, Bruna chamou um empregado e pediu que preparasse a carruagem, pois pretendia dar um passeio pela vila com sua mãe.

Enquanto elas passeavam pela fazenda e faziam as visitas que davam prazer a Bruna, dona Sofia tocou no assunto da festa e confidenciou à filha qual era a finalidade do evento. Bruna ficou calada, preferindo preservar a saúde de sua mãe, mas lhe disse que essa decisão era exclusividade sua e jamais permitiria que seus familiares escolhessem com quem ela deveria se casar. Sofia até tentou dar continuidade ao assunto, mas sua filha lhe pediu para que ela parasse de se preocupar com um problema que somente caberia a ela resolver. A mãe percebeu que a filha havia se irritado com sua abordagem e preferiu se calar. Não tinha como Sofia dissuadir a filha, sabia que Bruna tinha uma personalidade bem definida, portanto era melhor dar outro rumo à conversa. Andando junto com mãe e filha e sentada no banco ao lado de sua protegida, dona Sete estava tão à vontade escutando as duas conversarem que até se esqueceu de que não precisava mais de montarias para se deslocar.

Quando voltaram para casa, Sofia parecia ter recaído um pouco, começou a reclamar de dor no corpo e preferiu descansar o resto do dia, deixando que o obsessor se aproximasse dela novamente. Quando Bruna preparou a alimentação da mãe e entrou no quarto, estranhou o jeito que Sofia a recebeu, parecia pálida e meio desconexa, não se expressava nitidamente. A moça achou que era por conta de terem andado muito e por isso ela estava cansada, afastou-se e deixou-a dormir. Mas sabia que alguma coisa estava errada com sua mãe, ela estava precisando de algum tratamento, mas sabia que o tradicional não resolveria. O dia passou e o estado de saúde de Sofia estava piorando; a família estava se preparando para buscar o médico o mais rápido possível, quando dona Sete se aproximou de Bruna e lhe disse para esperar para o dia seguinte. A moça chamou seu pai e se posicionou contra buscar um médico à noite, não haveria necessidade para tanto; concordaram. A noite avançava, quando Hans teve a ideia de fazer um chá e servir uma xícara para sua esposa. Dona Sete, que estava na casa apoiando a família, aproveitou e emanou uma porção de fluido regenerador no líquido, assemelhando-se a uma boa dose de sonífero. Quando estavam todos dormindo, a Pombagira se conectou com o Senhor Tranca-Ruas e lhe solicitou autorização para que os Guardiões do Senhor Sete Encruzilhadas transportassem em segurança um espírito vivente do continente europeu até o americano, mais especificamente para o Brasil. Com a autorização concedida, ela se conectou com o Exu Senhor Sete Encruzilhadas e solicitou a presença do número de Guardiões necessários para que o transporte fosse feito em segurança. Tudo acertado entre os chefes, ela começou a preparar a sala para receber os viventes em desdobramento. O ambiente estava apto para o encontro. Quando a Pombagira recebeu a primeira equipe com o material necessário para apreender o espírito obsessor que havia retornado, este se encontrava deitado ao lado de Sofia, acariciando-lhe o rosto como fazemos com nossos entes queridos.

Por se tratar de um espírito ainda mergulhado na ignorância de seu padrão vibratório, entrava em estado negativo e não o deixava ver os Guardiões de pé ao seu lado, aguardando apenas uma ordem da Pombagira para prendê-lo e o conduzir a uma clínica psiquiátrica previamente reservada em uma colônia espiritual. Sem demora, dona Sete autorizou a captura do espírito e seu transporte imediato à colônia. Ao mesmo tempo em que o obsessor era recolhido para tratamento no astral, outra equipe de Guardiões se deslocava em alta velocidade da Europa em direção ao Brasil; transportavam Lorenzo. Na casa de Bruna, algumas Pombagiras foram recrutadas para preparar o ambiente, elas trabalhavam duro para que a chefe se sentisse satisfeita. O ambiente etéreo do quarto de Bruna se tornara momentaneamente uma enorme sala, onde dona Sete reunia os espíritos envolvidos na trama. Enquanto suas auxiliares preparavam o ambiente energeticamente para receber os viventes desdobrados, o espírito de Bruna permanecia junto ao corpo descansando em seu leito e esperando a chegada de Lorenzo. A distância, a chefia inspecionava tudo e dava algumas coordenadas finais. Enquanto os Exus faziam o transporte do ítalo-brasiliano, dona Sete se preparava para uma das missões mais difíceis a enfrentar: fazer com que o espírito obsessor perdoasse dona Sofia. Por esse motivo, teria de ser bem comedida com ele, não se tratava de um espírito sombrio que estava recebendo a incumbência de atrapalhar a vida dela por conta de feitiços, mas sim de um espírito credor que ficava a seu lado e tinha certeza de que estava protegendo-a contra Bruna e Lorenzo.

Aquele espírito que se encontrava naquela situação lamentável era mais uma vítima das mentiras e maldades praticadas pelo espírito que agora atendia pelo nome Sofia, mas aquele ser já estava se tratando e certamente aos poucos ia recobrando seu bom senso. Enfim o ambiente estava pronto para receber os Guardiões com a preciosa encomenda que haviam transportado desde a Itália.

Já era meia-noite quando os cavaleiros do Senhor Sete Encruzilhadas chegaram com Lorenzo; naquele dia ele demorou a dormir, por esse motivo houve um atraso em relação ao começo dos trabalhos. Quando a equipe Sete Encruzilhdas chegou, imediatamente a Pombagira mandou que trouxessem os outros integrantes da trama, Bruna e Sofia. Com todos posicionados, dona Sete no comando da reunião começa se apresentando a Bruna, que até então sabia da existência daquele espírito amigo, mas não se lembrava de muita coisa após os sonhos em que se encontravam, ficavam apenas pequenas lembranças, era necessário que assim procedesse para que não fossem completamente esquecidos alguns detalhes que dona Sete lhe passava, mas a partir daquele momento, tudo seria diferente. Bruna se lembraria de quase tudo, era chegado o momento de a jovem assumir algumas responsabilidades. Entretanto, estava na hora de dar início aos trabalhos. Quando estavam todos perfilados, a Pombagira percebeu que a harmonia da sala não se encontrava em nível adequado, era necessário uma força sutil para equilibrar aquele ambiente, e solicitou ao plano maior a presença de um Preto-Velho, para amenizar a carga negativa que se encontrava estacionada sobre os espíritos. O obsessor, que outrora havia sido conduzido a uma clínica de psiquiatria no astral, também fora trazido para participar daquele trabalho.

Dona Sete comandava os trabalhos de aproximação e reconciliação daqueles espíritos, porém diferenças existentes dentro do grupo criavam uma atmosfera desfavorável no ambiente; entretanto, dona Sete é uma feiticeira experiente e detentora de conhecimentos mágicos capazes de transmutar energias densas em fluidos sutis. Sabidamente ela assumiu o comando do grupo e começou a executar alguns sinais mágicos que desembaraçavam o ambiente e, consequentemente, limpavam a visão do espírito obsessor de Sofia. Rapidamente ele começou a enxergar todos os outros que estavam na sala. Quando viu Lorenzo e Bruna no mesmo ambiente com Sofia, ele tentou se levantar e atacar o casal de jovens; gritava desesperadamente para Sofia se proteger, antes que fosse morta por eles. Esse foi o motivo pelo qual Dona Sete tomou tantas precauções; ao colocar os quatro integrantes daquela trama na mesma sala, sabia que o espírito não tinha noção de que já estava desencarnado há centenas de anos. Depois que aquele ser extravasou toda a sua brutalidade, ela convidou o Preto-Velho a aplicar passes fluídicos no espírito e em todos que compunham a trama. Depois de tal procedimento, ele ficou mais calmo e parou com os gritos que assustavam os viventes, especialmente Bruna.

Dona Sete temia que o medo acionasse a vibração do cordão prateado e os espíritos encarnados retornassem repentinamente ao corpo.

Dona Sete Assume sua Verdadeira Identidade

Padilha nos explica que trabalhar com espíritos viventes é muito difícil. Por conta dessa proteção natural, por qualquer susto retornam imediatamente ao corpo e se escondem do que para ele seria perigoso. Por isso Padilha lidava com o espírito desequilibrado com tanta cautela, mesmo porque pretendia que ele entendesse que estava desencarnado e perdoasse Sofia, para que conseguisse evoluir e seguir seu caminho sem as intempéries do ódio.

Depois que ele ficou mais calmo, Padilha chamou Sofia e lhe ordenou que desfizesse a mentira que havia contado sobre Lorenzo e Bruna; caso contrário, a própria Padilha contaria e ela seria desmascarada diante de todos.

A confissão do espírito de Sofia não foi um diálogo agradável de escutar; esse espírito estava metido em crimes de toda sorte, desde assassinatos a abortos; ele já havia praticado todos os tipos de maldades. Estava tendo essa chance agora a pedido do próprio espírito que outrora fora sua vítima e havia se tornado sua filha novamente, a fim de lhe proporcionar evolução espiritual através do amor fraterno. Era chegada a hora da verdade para o espírito mentiroso, chantagista e dissimulado que habitava temporariamente o corpo de Sofia.

Era seu encontro com a lei do perdão, era chegada a hora de se expor e deixar que a máscara caísse perante todos. Para seu próprio bem, ele seria o único beneficiado com tal atitude, mesmo assim relutava em encarar sua realidade.

Assim eles saberiam quem realmente era aquele espírito travestido de bondade, que na verdade não passava de um farsante. Somente dependeria da habilidade dele para dar novo rumo ao seu destino e colocar um fim de vez às mazelas de suas existências anteriores, nas quais prejudicou a evolução de todos os que estavam sentados naquela sala, inclusive da Padilha. A intenção da Pombagira era oferecer todas as condições para que o espírito criminoso se redimisse com seus credores e que seguissem todos em frente sem os empecilhos da mentira, do crime e da criminalidade.

Estavam todos reunidos no mesmo espaço, justamente para que dessem inicio à lavagem de roupas sujas, mas as dificuldades impostas pelo espírito errante aos trabalhos estavam impossibilitando sua evolução. Isso tirava a paciência da Padilha, que se dirigiu ao espírito informando-lhe que não queria levar esse caso para a eternidade. Padilha salientou que um pouco de sujeira todo espírito tem, mas é necessário que se faça um máximo de esforço para se limpar antes que a lei o punisse com maior rigor.

O espírito de Sofia se recusava a dar um passo em direção ao pedido de perdão, relutava de todas as formas para se manter escondido no manto negro da mentira; sabia de todos os crimes que cometera, mas se recusava a assumir a autoria deles, como faz a maioria dos espíritos que tem contas a ajustar, mas que se recusa a dar o primeiro passo em direção ao corredor da remissão de seus erros, e covardemente empurra para suas vítimas a culpa pelo crime por ele cometido, e por esse motivo se sente também vitimado.

A noite avançava rapidamente. Os guardiões haviam trazido o espírito do antigo carrasco para os trabalhos, mas precisavam encaminhá-lo de volta à clínica psiquiátrica, o tempo era limitado para ele, pois estava em tratamento.

Os espíritos continuavam sentados esperando que Sofia se dirigisse ao espírito desequilibrado, que estava sob a proteção dos passes fluídicos do Preto-Velho, que o acalmava para que entendesse que já não estava no corpo físico. A esperança da Pombagira era que, como ele amava Sofia cegamente, as coisas seriam facilitadas. Assim que recebesse e concedesse perdão, daria prosseguimento a seu caminho rumo à dimensão, na qual tinha direito a habitação, onde sua família espiritual o esperava havia décadas.

Padilha encorajava Sofia a tomar atitude e a começar a se comportar de maneira mais equilibrada, isso facilitaria seu trabalho. Mas nada estava saindo de acordo com o que a Pombagira estava esperando; além de criminoso, o espírito de Sofia era egocêntrico, orgulhoso e desprovido do mínimo de conduta moral.

Enquanto a Pombagira relutava para aquele ser pedir desculpas pelos crimes cometidos, um espírito calmo e com aparência de idoso também assistia ao diálogo entre os envolvidos naquela trama da qual tinha sido a primeira vítima. Ele também aguardava o arrependimento de sua amada e seu pedido de perdão, não que fizesse questão disso, mas para que todo aquele ciclo de crimes fosse quebrado e cada um dos envolvidos seguisse seu caminho evolutivo.

Padilha insistia para que Sofia se redimisse com o espírito do carrasco e também se perdoasse com seu antigo amor, com quem foi casada e a quem envenenou para viver seu romance com um amante, que no momento está encarnado na condição de paralítico, a única maneira que o plano espiritual encontrou para mantê-lo fora da criminalidade.

Eram muitos os crimes do espírito que habitava o corpo de Sofia. Envenenou o espírito de Bruna, cometeu o mesmo crime com seu marido, o rei; envenenou o carrasco de seu pequeno reino, que fazia tudo o que ela ordenava. Lorenzo também foi vítima da mente criminosa do espírito de Sofia, que agora relutava para não se desculpar de seus crimes, e, se não bastasse isso, ainda se dava o direito de se recusar a pedir perdão. Era um espírito criminoso que estava ganhando a última chance de se redimir dos crimes cometidos, mas a arrogância era bem maior que sua sanidade.

Padilha, já demonstrando impaciência, levantou-se e deu um ultimato ao espírito de Sofia, para que se decidisse rápido, não tinha tempo para perder com sua vaidade. A Pombagira se levantou de sua confortável poltrona, pediu que lhe servissem um espumante, acendeu uma cigarrilha e se dirigiu ao espírito de Sofia.

– Se esse cigarro queimar antes que você se decida, vou retirar o que conseguimos de benefícios em seu favor, e tenha certeza de que irá responder pelos crimes cometidos dentro da forma mais dura da lei.

A Pombagira tomou uma taça de espumante, saiu fumando elegantemente sua cigarrilha, com andar calmo e tranquilo, digno de uma rainha.

Sofia continuava sentada, com o olhar fixo no chão, não levantava a cabeça nem decidia o que fazer. Padilha olhou em sua direção, deu uma gargalhada e pediu para que os espíritos encarnados olhassem na tela que estava plasmada na parede. Aos desencarnados, ela projetaria as imagens diretamente em suas mentes. Enquanto ela tomava seu espumante, as imagens eram projetadas na tela, e o espírito idoso que havia sido envenenado quando ainda era rei e marido de Sofia, debatia-se de um lado para outro, sempre amparado e protegido pelo Preto-Velho. Chorando muito, perguntava por que sua esposa tinha agido daquela forma, mas o espírito de Sofia não levantava a cabeça nem dava sinal algum de que pediria perdão. Padilha se aproximou e ordenou que ela levantasse o olhar e assistisse às imagens que estavam sendo projetadas e também quanto sofrimento havia causado àqueles espíritos que ali estavam.

Mas o ser que estava naquela sala não era um espírito disciplinado e quando estava fora do físico, mesmo durante o sono, retomava toda a sua arrogância e não enxergava as maldades que havia praticado como pecados; para ele, ninguém poderia lhe dar ordens, ainda não tinha perdido a petulância dos tempos em que dominava com mãos de ferro um pequeno principado no centro do velho continente, onde praticou os crimes contra aquelas pessoas que estavam na sala. Padilha não tinha mais tempo e resolveu antecipar para os presentes o que aconteceria com Sofia. Mas, antes que começasse a revelar os segredos daquele espírito criminoso, ordenou que os Guardiões transportassem o espírito desequilibrado do carrasco para o hospital psiquiátrico, sua presença não era mais necessária. Aquela reunião poderia lhe causar algum dano ainda maior e não era isso que ela queria, pretendia preservar o que restava de sanidade daquele espírito.

Chamou Lorenzo para o centro da sala e o colocou em frente à sua futura sogra, a Pombagira estava lendo os pensamentos dele e o autorizou a expor para os demais qual seria sua atitude em relação a Sofia, ele não lhe concedia perdão nenhum. Antes de ser solicitado por ela, foi seguido pelos outros, com exceção de Bruna, que continuava relutando para que ela pedisse perdão ao espírito que havia sido seu pai e rei assassinado. Mas estava na hora de os viventes voltarem aos seus corpos. Padilha deixou uma boa lembrança com dona Sofia, para ver se na próxima noite ela estaria mais maleável; as lembranças do sonho que ela não conseguia entender.

A Noite Seguinte no Palácio de Padilha

Quando a reunião recomeçou na casa de Padilha, o espírito do rei estava encostado em Sofia, em um estágio completamente diferente do da noite anterior, estava lúcido e equilibrado. Os passes do Preto-Velho o haviam regenerado quase que completamente, ele se apresentou à chefe dos trabalhos e pediu para que ela não lhe mostrasse mais as cenas de sua vida passada. O rei se sentia culpado por ter permitido que sua esposa tomasse conta de tudo no palácio, sem questioná-la ou impor limites ao seu poder. Por esse motivo, achava que fora o culpado por ela ter praticado todos aqueles crimes, inclusive contra ele. E assim sendo, quem devia se desculpar era ele. O rei começou se desculpando com Lorenzo, por ter acreditado por tanto tempo que ele o teria traído e, por esse motivo, havia perdido seu principado, quando deveria na verdade ter investigado melhor as acusações que sua esposa fazia contra ele.

Também se aproximou de Bruna e, com um abraço paternal, pediu-lhe perdão por ter falhado como pai e protetor, permitindo, assim, que ela se tornasse vítima também da insanidade de sua mãe. O espírito do rei era obcecado pelo amor de Sofia, mas começava a retomar seu ponto de equilíbrio; os passes que recebeu do Preto-Velho continuavam o reequilibrando e ele começava a ter total lucidez para discernir sobre seu estado de demência.

O velho rei se aproximou e tocou suavemente o rosto de Sofia, acariciando-o com as costas da mão, chegou um pouco mais perto e lhe deu um beijo carinhoso na testa; disse-lhe que ela não precisava pedir perdão a ele, pois assumiria total responsabilidade sobre os acontecimentos em seu principado. Pois a ele tinha sido confiado o destino daquele povo e, sem que se desse conta, passou toda essa responsabilidade para sua esposa, que não tinha equilíbrio para lidar com o poder e se perdeu em sua vaidade. Mas seu amor por ela o havia cegado e, por esse motivo, ele achava que era o responsável pela insanidade que se abatera sobre sua esposa.

Olhando para Maria Padilha, ele agradeceu pelo socorro que acabara de receber, da mesma forma agradeceu aos Guardiões e ao Preto-Velho. Pediu para Bruna e Lorenzo darem continuidade ao amor existente entre eles, pois precisavam vencer todas as etapas de suas vidas. Achando que havia cumprido o protocolo, o velho rei se despediu de todos ali presentes, colocando-se à disposição das equipes de Guardiões para que o conduzissem à sua colônia espiritual, onde reencontraria sua família e daria início a novo processo de reencarnação. Fosse essa nova etapa de suas existências na Terra, em outro planeta, ou outro sistema planetário. O rei se aproximou de Sofia, deu um beijo em sua testa, expressou todo amor e carinho que nutria por aquele espírito rebelde, recomendando-lhe que se afastasse das más companhias. Padilha, assistindo àquela cena, chegou à conclusão de que o rei continuava querendo proteger seu antigo algoz.

O velho rei era um espírito com boa evolução, estava somente cumprindo uma pequena parte de seu caminho no planeta.

Padilha o cumprimentou pela colaboração em seu trabalho. O velho rei e a Pombagira eram velhos conhecidos; portanto, não foi difícil para se entenderem, já haviam passado pelo estágio das vaidades quando reinaram juntos um dos maiores impérios já construídos aqui no planeta. Ele como rei, ela como rainha, ambos concluíram as existências na época em que comandaram o Império Romano sem se comprometerem com os espíritos sombrios que se encostam aos soberanos a fim de promoverem a destruição do império. Normalmente esses seres são mandados por ex-mandatários, tomados por inveja e ciúme, os dois piores males da humanidade.

A Pombagira sabia que não seria difícil ela se entender com o velho rei, sabia também que ele estava desequilibrado porque havia mergulhado no abismo amoroso, e somente por isso estava passando por aquele momento difícil, mas felizmente estava recobrando seus sentidos e certamente seria bem recebido entre seus entes queridos, em pouco tempo estaria pronto para assumir novas tarefas. O rei, amparado e protegido pelos Guardiões, foi encaminhado para o pátio, onde uma equipe de profissionais da saúde o aguardavam.

Padilha o pegou pela mão, conduzindo-o até a nave que o transportaria ao seu destino final. Antes que entrassem no veículo, ela chamou os Guardiões Sete e a equipe de enfermeiros, recomendando-lhes que tivessem especial cuidado com aquele senhor e o conduzissem carinhosamente, pois se tratava de um amigo de longa data, e que certamente não demorariam muito a se encontrar.

Deu um beijo no rosto do rei e lhe recomendou que assim que tivesse uma oportunidade, procurasse-lhe. Ele entrou no veículo acompanhado pelo quarteto de Guardiões do Senhor Sete Encruzilhadas e, protegido pelo corpo de profissionais paramédicos, alçou voo rumo ao desconhecido.

Maria Padilha voltou para a sala onde os viventes a esperavam. Quando a Pombagira entrou na sala, aproximou-se de Sofia, segurando seu rosto, tirando-a daquela posição confortável de olhar para o chão. Começou falando sobre seu trabalho em aproximar os três espíritos, Bruna, Lorenzo e Sofia. Ela não poupou a mãe de Bruna de ter seus segredos revelados, sua filha atônita olhava para ela e deixava transparecer sua decepção com seu passado sombrio. Lorenzo não conseguia encarar sua futura sogra. Padilha ainda insistiu para que ela se desculpasse com eles e assumisse o compromisso de ajudá-los naquela nova etapa de suas vidas. Mas a inveja que Sofia nutria em relação a Bruna não a deixava entender que o tempo havia passado e que ela já não era mais nenhuma poderosa rainha da Europa antiga. Pela maneira como se comportava, ela certamente tentaria novamente atrapalhar os caminhos do jovem casal, quando deveria, por obrigação, fazer o contrário. E assim ia mergulhando cada vez mais no penhasco vibratório em direção à sombra.

Bruna era responsável pela existência do espírito de Sofia como encarnado, foi ela quem intercedeu para que houvesse uma nova chance para aquele espírito e que ele a recebesse como filha, para que pudessem reparar as diferenças anteriores por meio do amor fraternal, mas Sofia estava irredutível em reparar seus erros e dar início a uma nova fase em seu caminho rumo à evolução espiritual. Aquele espírito gozava do amor de Bruna, por esse motivo estava encarnado novamente, mas era sua última chance, pois depois que Bruna saísse do corpo físico, Sofia estaria entregue à própria sorte, e seu futuro não era dos mais promissores.

Padilha se esforçava ao máximo para que Sofia entrasse em boa sintonia e se perdoasse com Bruna e Lorenzo. Um ato dessa natureza mudaria o percurso daquela dramática história, certamente seria um caminho de melhor trajeto para o espírito rebelde, mas a demência, a inveja, o egocentrismo implantado na mente humana impossibilitam de enxergar as oportunidades que a luz nos oferece.

Padilha se aproximou de Sofia e lhe comunicou que seu tempo havia se esgotado, e que a partir daquele momento não seria mais aceito seu pedido de perdão. Também lembrou a ela que tivera muitas chances de reparar os graves erros que havia cometido com aqueles espíritos, os quais tentaram ajudá-la no caminho da evolução espiritual sem esperarem ou pedirem nada em troca, simplesmente por amor, mas que essas chances foram desperdiçadas por ela. E que a partir daquele instante ela estava entregue à própria sorte, sendo responsável por qualquer incidente que acontecesse na vida deles, inclusive do velho rei, que a perdoara, mas que isso não a isentava de suas obrigações para com ele.

Padilha pediu para que os guardiões devolvessem Lorenzo ao seu corpo físico, ela mesma devolveu Bruna e Sofia a seus corpos, mas deixou um recado para sua menina. "Chegou o tempo em que temos de dar início aos trabalhos."

Um belo e ensolarado dia amanheceu na Serra da Mantiqueira. Bruna entrou no quarto da mãe e a encontrou ainda dormindo, seu pai e irmãos estavam se arrumando para irem ao trabalho, uma empregada já havia preparado o café; faltava apenas os lugares serem ocupados pelos membros da família, que aos poucos foram ocupando as cadeiras. Bruna estava sentada esperando sua mãe, que, pela demora, parecia ter dormido novamente.

Hans entra e senta-se à mesa ao lado de sua filha, ela lhe comunica que não queria que ele fizesse nenhuma festa, não haveria necessidade de ele se preocupar em apresentá-la à sociedade dos imigrantes alemães, pois ela não estava interessada em conhecer ninguém, e sobre os rapazes, nenhum deles lhe interessava, mesmo porque já havia feito sua escolha. Ele ficou estático olhando para a filha, admirava a personalidade de Bruna, a segurança com que ela falava não deixava espaço para questionamentos. O pai sentiu vontade de ficar calado, mas não resistiu e perguntou se o rapaz e sua família aceitavam morar no Brasil. Para Hans, seu futuro genro era alemão e certamente de uma família tradicional bem-sucedida. A moça sentiu vontade de esclarecer toda a história para seu pai, mas se conteve.

Irradiada pela Pombagira Padilha, Bruna calmamente falou para o sr. Hans que o rapaz não era alemão, mas que ela o havia escolhido como seu futuro marido, e esperava que sua família lhe oferecesse apoio. Hans levantou-se rispidamente da mesa, olhando para sua filha com profundo ódio, disse-lhe que recusava veementemente sua escolha e que o rapaz não entraria em sua casa. Saiu esbravejando, seus irmãos se levantaram da mesa reprovando sua escolha. Bruna ficou sentada tranquilamente, não estava em seus planos desafiar seu pai. Também não podia contar com o apoio de sua mãe, mas também não podia abrir mão de sua vida para fazer os gostos de sua família.

    Bruna continuava sentada, em seu íntimo havia uma vontade imensa de chorar, aquele não era o melhor momento para ela tomar nenhuma decisão; sua mãe estava dormindo profundamente quando ela entrou no quarto. Não era comum Sofia dormir até tarde, por isso ela chegou à conclusão de que algo estava errado. Resolveu esperar mais um pouco. Naquele dia também não se sentia muito disposta, resolveu deitar-se e dormir um pouco mais. Entrou em seu quarto e fechou a porta, deitou-se e começou a meditar sobre tudo o que estava acontecendo e sobre o que viria a acontecer. Ao seu lado se posicionava uma jovem e elegante senhora. Dona Maria Padilha, a Pombagira, não tinha saído de perto de sua menina nenhum segundo desde que a devolvera ao corpo físico; sabia que a notícia que ela revelaria à família causaria um impacto negativo e aquilo poderia atrair algum espírito zombeteiro e as coisas tomarem uma dimensão além do que ela havia imaginado. Enquanto Bruna dormia, sua Guardiã manipulava as energias densas que Hans inconscientemente emanava contra sua menina, ele em seu escritório não conseguia desenvolver seu trabalho e não pensava em outra coisa, a não ser em como impedir que sua filha continuasse com a ideia de se casar com um rapaz que não representasse o povo germânico.

    Carregado de formas-pensamento o mais negativas possíveis, ele inconscientemente bombardeava sua filha com uma onda de energia densa, que, se não fosse a proteção que a Padilha estava oferecendo, sua menina certamente estaria recebendo fortes influências da onda de pensamentos negativos advindos de seu pai, que poderia até desenvolver alguma doença física.

    Padilha intensificou o sono da menina, retirou Bruna daquele ambiente e a conduziu para uma floresta na Inglaterra, onde elas tiveram uma existência como irmãs carnais e eram extremamente conhecedoras das propriedades medicinais das plantas; foram felizes nessa existência, lá elas praticaram muita caridade, até serem perseguidas como bruxas, consideradas seres malignos e condenadas à morte pela Igreja Católica. Padilha sabia que, mesmo elas tendo passado por aquele momento de suas histórias, estar naquela floresta traria para Bruna muitas recordações boas e certamente ela estaria imune aos pensamentos negativos de seu pai.

Sofia continuava dormindo, era um espírito velho manhoso, farsante, sabia como ninguém se disfarçar de vítima quando era chamado a assumir seus crimes, suas responsabilidades. Tinha como meta se esconder atrás de alguém para cometer seus crimes e ter sempre um capacho para fazer o trabalho sujo que estava acostumado a encomendar, mas dessa vez esse espírito malandro não tinha escapatória; estava de frente com Maria Padilha, uma das Pombagiras mais experientes e conhecedoras das artimanhas dos espíritos criminosos que habitam o baixo etéreo, por isso não adiantava ela se esconder, ela a acharia onde quer que ela estivesse e a arrancaria de sua toca e a colocaria de frente com seus deveres, nem que para isso tivesse de usar seus conhecimentos mágicos. Não há como escapar da justiça quando um Exu recebe a incumbência de solucionar determinado caso; quando é uma Padilha, é melhor se entregar logo, antes que ela resolva buscar o espírito em sua toca.

Enquanto as amigas passeavam pela floresta londrina, um navio aportava em um porto aqui no Brasil, trazendo a bordo o jovem Lorenzo, que havia concluído seus trabalhos na Itália e retornava ao seu país para dar seguimento aos negócios e tratar do casamento, mas ele não tinha noção do tamanho do problema que teria de enfrentar.

Como os irmãos da moça não se conformaram com sua decisão e exigiram do pai uma postura firme com ela, não aceitavam um tratamento diferenciado. Afinal, eles também foram estudar na Alemanha e não deixaram de seguir a tradição dos pais, portanto, se ela poderia quebrar esses costumes, eles também se sentiam no direito de escolher suas esposas de outra comunidade que não a germânica.

Padilha e Bruna retornaram à casa de Sofia, que estava acordada e, quando sentiu que sua filha estava se levantando, fechou os olhos e começou a ressonar. Quando a moça entrou no quarto dela, assustou-se com o fato de sua mãe não ter acordado. Bruna estava mais calma, aproximou-se da cama da mãe e tentou acordá-la suavemente. Sofia estava acordada e atenta aos movimentos da filha, mas fazia questão de continuar fingindo que estava dormindo. Padilha assistia a tudo pacificamente, mas quando percebeu que sua menina estava perdendo tempo e sendo usada pela mãe, posicionou-se ao lado da cama e, usando uma porção de ectoplasma da própria Sofia, se fez aparecer para ela, que estava com os olhos serrados para que Bruna pensasse que estava dormindo profundamente, mas para enxergar a Padilha ela não precisava estar de olhos abertos. Quando Sofia viu aquela linda mulher com uma cigarrilha na mão, tomando um espumante ao lado de Bruna, percebeu que não se tratava de vivente; deu um pulo da cama acompanhado de um grito, chocou-se com a porta do quarto, caiu para trás e se levantou imediatamente, gritando que tinha visto o diabo e tentando arrastar sua filha para fora do quarto. Padilha, ao lado de Bruna, explodia em gargalhadas.

– Então, sua p., vai se levantar ou não?

Padilha sabia que era a única maneira de tirar aquele espírito velho mentiroso da toca em que havia se metido. Bruna saiu correndo atrás da mãe, tentando entender o que havia acontecido. Sofia se colocou no meio do pátio com os olhos arregalados, o cabelo despenteado, sua filha tentava fazer com que entrasse na casa, mas não tinha acordo, ela gritava que tinha visto o diabo dentro de seu quarto. Padilha continuava dentro da casa, de vez em quando aparecia na porta e dona Sofia dava um grito. Quando a Pombagira terminou de tomar seu espumante e fumar sua cigarrilha, já sem paciência, saiu pela porta e se posicionou atrás de Sofia, usou um pouco de seu ectoplasma para que pudesse ser vista e tocou seu ombro. A alemã olhou para ela e a Pombagira lhe disse:

– Entre.

Sofia a escutou e deu um grito que Bruna lhe soltou o braço e quase saiu correndo. Muito rapidamente a mãe de Bruna pulou para dentro de sua casa e correu para o quarto, foi buscar um rosário, pendurou-o no pescoço, ajoelhou-se e começou a rezar em alta voz, queria de qualquer jeito expulsar o diabo que estava dentro de sua casa.

Padilha se divertia com aquela situação e a distância cuidava do pai de Bruna, que estava se deslocando do trabalho para sua casa, onde queria tirar satisfações com a filha sobre sua escolha, mas o amor que sentia por ela era tão imenso que não conseguia imaginar se desentendendo com ela. Mas ao mesmo tempo não queria aceitar que entrasse em sua família um homem que não fosse de origem germânica. Enquanto ele pensava dessa maneira, abria espaço para que Padilha lhe intuísse melhores pensamentos, o que até aquele momento estava dando certo. Hans estava se aproximando de sua casa, quando um espírito se aproximou dele e começou a usar seu pensamento para inflamá-lo contra a filha. Quando o pai de Bruna entrou em sua casa, o espírito entrou junto e colou em Sofia; a Pombagira se aproximou do intruso, colocou a mão em sua testa e de forma inexplicável monitorou e localizou sua origem; era o espírito que havia assassinado Lorenzo e a criada na montanha quando o espírito de Sofia era rainha no pequeno principado, onde também envenenou o rei e cometeu muitos outros crimes. Mas agora se recusava a assumir os erros do passado.

A Pombagira envolveu Bruna e seu pai em um campo de força, onde eles se tornaram imunes aos ataques do espírito, sendo que Sofia teria de se entender com ele, que já estava grudado nela e parecia um só corpo. Mesmo que Padilha quisesse ajudar, seria bem difícil, porque tal espírito e Sofia tinham uma sintonia energética, e seus campos vibracionais se confundiam. A Pombagira ficou admirada com a chegada daquele espírito naquele ambiente, ela teria de proteger Bruna, porque a partir daquele momento ele se instalaria naquela casa e certamente tentaria criar um clima de extrema desunião entre a família; ele era velho companheiro da dona da casa e inimigo do chefe da família. Não estava nos planos da Padilha lidar com aquele novo evento, especialmente com aquele ser. O espírito tinha aprendido a manipular energias densas e já dava sinais de que havia identificado a presença da Pombagira, estava se tornando debochado e se aproximava de Bruna de maneira tendenciosa. Como que para provocar Padilha, ele reconheceu o espírito de Bruna como a moça do palácio, isso dificultava a defesa dela pela Padilha, porque para ele, estava cumprindo ordens de sua ama e seu foco era assassinar a moça e o rei.

O cara tinha parado no tempo e sequer tinha conhecimento do desencarne na época em que fora envenenado, mas ao se aproximar muito de Bruna, despertou um sentimento de mãe que Padilha tem para com suas protegidas. Como a Pombagira estava tentando resolver o impasse de maneira harmoniosa, aproximou-se dele e se fez notar, pegou-o pelo braço e o retirou de dentro da casa, tentou lhe explicar que o tempo era diferente do que ele estava vivendo. Mostrou-lhe um pouco do que havia acontecido desde que ele desencarnou, mas isso só complicou mais a situação, ele colocou em Bruna toda a culpa por seu infortúnio e por não ter casado com a rainha, prometeu se vingar dela. Padilha pacientemente tentava conversar com o espírito, mas ele não queria escutá-la, começou a esbravejar contra a menina e lhe atribuía toda culpa por ter se afastado de sua amada. Ele era apaixonado pela rainha do pequeno principado e ela tinha lhe prometido que, se ele matasse o jardineiro e a criada, ela a tomaria como marido e ele se tornaria rei. O espírito sentia orgulho de também ter colocado o veneno no copo de bebida que havia tirado a vida do marido dela. Tudo que ele queria era o que lhe era de direito, queria ser rei e somente assim deixaria que a moça vivesse. Padilha entendeu que ele estava completamente louco, que não estava lidando simplesmente com um espírito trevoso, mas, sim, com um louco que estava vivendo há pelo menos 280 anos de atraso no umbral.

Padilha envolveu o espírito em um campo de força e o manteve fora da casa até a chegada do veículo com a equipe de mensageiros que o transportaria até sua colônia de origem, onde receberia o tratamento necessário para a recuperação de seu equilíbrio mental. Por incrível que possa parecer, era uma situação nova para a experiente Pombagira, que jamais imaginou se deparar com um caso tão delicado que teria de resolver, mas tinha consciência de que também não era inocente em toda aquela trama, já tinha dado seus passos errados e agora precisava corrigir seus deslizes. Era chegada a hora da verdade para ela também. Mas antes precisava equilibrar energeticamente aquele ambiente, porque teria de receber o espírito do velho rei assassinado. Depois que o espírito desequilibrado foi conduzido para a colônia, Padilha teve condição de trazer o espírito do rei para confrontá-lo com os acontecimentos, esperava que ele lhe desse algum trabalho, mas este se mostrou bem equilibrado e, como não fazia parte do grupo que tinha dívidas a reparar, expôs seu perdão para com sua antiga esposa e pediu para retornar à sua morada, pois tinha trabalho lá e não queria ficar muito tempo ausente. Padilha agradeceu a gentileza da visita e o liberou.

A hora da verdade se aproximava na casa dos alemães

Hans olhava para sua filha e não tinha coragem para indagá-la sobre o rapaz que havia escolhido como marido. Olhava para sua esposa e não reconhecia mais sua mulher, parecia outra pessoa. Sua expressão era completamente diferente, estava pálida e sem o brilho nos olhos, parecia que nem estava ali. Estava confuso, em alguns instantes tinha vontade de abraçar sua filha e de lhe pedir que trouxesse o rapaz para que ele o conhecesse, mas esbarrava nas tradições de família, estava sem condição para decidir o que fazer. Preferiu esperar para saber qual seria a opinião de sua esposa.

Naquele dia, o jantar da família foi diferente, os irmãos de Bruna não a olhavam, ela prestava muita atenção em sua família e não ouviu uma única palavra enquanto jantavam. Todos a ignoravam, inclusive sua mãe, que se retirou da mesa antes que acabassem de jantar. O marido a acompanhou e, no quarto, quis saber sua posição sobre a escolha de Bruna. Com os olhos arregalados, mais parecendo possuída por uma força estranha, disse-lhe que se ele não recusasse a escolha da filha, ela se suicidaria. Hans ficou dividido entre o amor que sentia por sua filha ou ser culpado pela morte de sua esposa. Depois de ouvir os argumentos de Sofia, ele finalmente se desligou do mundo das preocupações e adormeceu. Para o alemão, o tempo havia se esgotado, havia concluído seus planos de ajudar Sofia em sua evolução. Sem sentir absolutamente nada, fechou os olhos e dormiu profundamente, teve um sonho no qual sentia uma sensação de tranquilidade extrema, para logo em seguida se ver rodeado de pessoas amigas e amadas, que em seu sonho o conduziram para um lugar montanhoso onde podia se ver ao fundo uma linda cachoeira. Nesse ambiente ele encontrou muitas pessoas que o esperavam, sua mãe havia vindo buscá-lo.

Ao dormir, Hans havia feito sua passagem do mundo físico para outra dimensão, o tempo dele aqui na Terra havia chegado ao fim. Seu coração havia parado de funcionar por conta de um infarto fulminante; para aquele homem forte, bem-sucedido como empresário e pai, era outro tempo, nova vida surgia para aquele espírito nobre que havia assumido o compromisso de levar para o plano físico Sofia e Bruna, para que elas resolvessem de uma vez por todas as diferenças adquiridas em outras encarnações. Hans havia cumprido sua missão com elas, precisava seguir seu caminho.

Bruna sofreu muito a perda de seu pai, seus irmãos não aceitaram seu casamento com Lorenzo; contrataram um matador de aluguel e mandaram tirar a vida do rapaz, interrompendo assim mais uma vez as chances de felicidade entre Bruna e seu amado Lorenzo.

Dona Sofia, depois da morte de seu marido, perdeu completamente sua sanidade, vivia a conversar com as paredes e vez por outra travava diálogos inimagináveis com um ser comum, conversava com pessoas que já haviam desencarnado há muitos séculos. Sua filha cuidava muito bem dela, tratava dela como se fora uma criança. Até que um dia, quando Bruna não se encontrava na casa, um de seus irmãos pegou Sofia e a internou em uma casa de repouso para doentes mentais. Quando a moça chegou e não viu a mãe, entrou em desespero, saiu procurando-a por toda parte da fazenda, até que uma das ex-empregadas lhe disse que ela havia sido internada por um de seus irmãos. Bruna ainda tentou tirar sua mãe da casa de repouso, mas o responsável era seu irmão mais velho e, portanto, ela não tinha autoridade para reverter o processo. Sofia desencarnou pouco tempo depois de ser internada. Por causa de sua insanidade, ela ainda não tem noção do acontecido e anda pelo umbral conversando com seus amigos imaginários, até o dia em que o plano espiritual lhe resgatar e lhe devolver à colônia espiritual a que pertence, assim ela será levada ao plano reencarnatório para que seja lavrada sua sentença e, certamente, ela terá uma nova chance de reparar seus deslizes. Mas devemos nos lembrar de que nessa existência ela não se envolveu em crime, o que facilita o que terá de reparar em sua futura encarnação.

Mesmo depois desses acontecimentos, Bruna continuava fazendo suas visitas aos empregados da fazenda dos irmãos, apoiando-os em suas necessidades materiais. Mesmo depois de ser trapaceada pelos irmãos e perder quase tudo que lhe era de direito, o que sobrou ela dividia com os menos favorecidos. Até que um de seus empregados foi recrutado por seus irmãos, que o subornaram para que deixasse os arreios do cavalo mal colocados de maneira que, ao se aproximar do penhasco, eles despencassem no abismo.

Sem desconfiar da traição do cocheiro, ela o mantinha informado sobre seus projetos humanitários para melhorar a vida do povo da região. Em uma dessas visitas, Bruna foi atraída para a cilada encomendada por seu irmão mais velho, onde acabou sendo arremessada para o despenhadeiro. Não resistindo ao acidente, desencarnou junto com seu cavalo de estimação. Com esse evento, havia se completado o ciclo de vida física de Bruna.

Amor entre Almas

Logo após o desencarne da filha de seu Hans, Padilha a recebeu em seu palácio no astral superior, onde ela se encontraria mais tarde com Lorenzo, que havia desencarnado há pouco tempo assassinado a mando dos irmãos de Bruna, mas que já havia recobrado seu senso lógico e, juntos, traçaram um plano para socorrerem seus assassinos. Impulsionados pela harmonia que o ambiente lhes proporcionava, e amparados pelo carinho que a Pombagira nutria por eles, Bruna e Lorenzo começaram a viver o grande amor que estava reservado para eles no plano astral, já que no físico mais uma vez havia sido interrompido.

Nessa época, o velho rei já estava bem familiarizado com o mundo dos espíritos e demonstrava o desejo de trabalhar, queria fazer parte do grupo liderado por Bruna e Lorenzo. O rei tinha como meta visitar sua amada que tinha sido resgatada e estava reclusa em uma casa de apoio psiquiátrico e necessitava de sua ajuda.

Bruna não pôde viver seu grande amor como encarnada, mas não era necessário estar no plano físico para que isso acontecesse. Os espíritos se amam mesmo fora do corpo físico e também não é necessário que o casal siga a mesma doutrina religiosa, mesmo porque a religião dos espíritos evoluídos é a caridade.

Lorenzo e Bruna desencarnaram vitimados pela inveja e maldade dos irmãos dela, que sempre a olharam como sendo uma ameaça ao poder que eles exerciam na região, mas, para dois espíritos experimentados como eles, não é preciso corpo físico para que evoluam e tracem seus caminhos, mesmo porque esse era o plano arquitetado pelos espíritos envolvidos nessa trama. Todos eles concordaram, ainda no plano espiritual, que fariam uma passagem rápida pela crosta sem constituírem famílias e que dariam seguimento a seus projetos depois que chegassem ao plano etéreo, mas os assassinatos foram acidentes de percurso em que os irmãos da moça se comprometeram desnecessariamente.

Os Planos de Padilha

No astral superior, Padilha organizava a vida dos espíritos recém-desencarnados e os preparava para o trabalho, afinal havia uma organização humanitária já organizada no plano espiritual e esse projeto precisava ser executado o mais rápido possível no mundo físico. Agora cabia a Bruna a tarefa com os encarnados, a de intuí-los a formarem grupos religiosos, somente assim era possível que a organização ganhasse corpo no plano material. Pouco tempo depois de desencarnarem, Lorenzo e Bruna já estavam trabalhando de volta na crosta terrestre. Eles se deslocavam pela Serra da Mantiqueira tão distraídos que se esqueciam de que não tinham mais o corpo físico; trabalhavam com tamanha dedicação, que assim não foi muito difícil começar a organizar um pequeno grupo de agricultores da fazenda vizinha à dos irmãos assassinos, grupo este liderado por um jovem recém-casado que outrora havia servido de cupido para Bruna e Lorenzo.

Sião não morava mais na fazenda dos irmãos de Bruna, ele tinha ficado noivo de uma moça cujo pai era sitiante e havia lhe oferecido um lote, onde ele poderia trabalhar e criar sua família sem depender do arrendamento de terras. Aquele menino franzino de poucas palavras havia se tornado um homem forte e trabalhador, estava começando a formar sua família em outro sítio, tentava esquecer a amizade que tinha com sua patroinha. Ele falava que não queria ficar pensando muito nela, tinha medo de que isso atrapalhasse a subida de seu espírito para o céu, sabia que ela tinha sido vitimada por seus irmãos, com isso não tinha coragem nem de visitar seus pais, que continuavam morando nas terras dos alemães, mas ele pretendia tirá-los de lá tão logo conseguisse fazer uma casa para eles em seu sítio. Todas as noites, quando se deitava para dormir, fazia suas orações e nunca se esquecia de colocar o nome dela em seus pedidos. Falava para sua esposa que, se um dia fosse pai de uma menina, lhe daria o nome Bruna como homenagem à sua amiga. Sião sabia que ela não estava mais encarnada, mesmo assim tinha esperança de encontrá-la um dia. Chegou a reclamar para sua esposa que parecia sentir a presença de sua patroinha ao seu lado, ficava preocupado com isso, achava que ela estava precisando de oração. Sião começou a reunir em sua casa um pequeno grupo de parentes de sua esposa para conversarem, tomar café e manter os laços de amizade. Depois de algum tempo se reunindo todas as quartas-feiras, duas dessas pessoas, o sogro e a sogra do dono da casa, começaram a ser irradiadas por Bruna e Lorenzo. Eles sugeriram a Sião que organizasse um culto religioso em sua casa; já que estavam juntos toda semana, era mais um motivo para não se dispersarem. A esposa dele se colocou de acordo imediatamente, mas a decisão cabia exclusivamente ao homem da casa, que confidenciou aos sogros que não tinha nenhuma religião, mas já tinha assistido a uma sessão de mesa branca e, se eles quisessem, poderiam organizar os cultos, que ele não se importaria em ceder sua casa.

 Enquanto ele tinha esse diálogo com a família de sua esposa, Bruna e Lorenzo permaneciam sentados ao lado dos pais de Neusa, irradiando-os e emanando fluidos regeneradores por todo o ambiente; no plano espiritual, os trabalhos já haviam começado.

 Estava dado o primeiro passo para a execução do projeto humanitário que havia nascido há algum tempo no etéreo sob a orientação da Pombagira Maria Padilha, mas que agora era uma realidade no mundo material. Sob sua orientação e supervisão, Bruna e Lorenzo começavam a dar seus primeiros passos como mentores espirituais. O casal de espíritos havia sido muito treinado por Padilha para a aproximação com espíritos encarnados, estavam eufóricos para começar logo a executar as incorporações, mas quando tiveram de desenvolver esse trabalho, perceberam que não era tão fácil assim, as interferências que vinham do baixo etéreo dificultavam para que eles se fizessem entender pelos viventes, que têm muita facilidade em absolver intuições cruzadas, que são emanadas pelos espíritos sombrios que fazem oposição ao sistema de trabalho que os Exus e Pombagiras desenvolvem. O casal de espíritos estava se saindo bem no trabalho na Serra da Mantiqueira, mesmo porque Bruna já trabalhava com aquela população quando estava no corpo físico. Alguns moradores da fazenda já praticavam um culto aos espíritos, o qual eles davam o nome de "terço" para que ninguém desconfiasse que eles tinham conhecimentos sobrenaturais, mesmo porque não havia ainda no Brasil nenhuma religião que desse espaço para esse tipo de culto, embora as comunicações entre espíritos e encarnados já tinham começado havia algum tempo; mesmo nessa época, as forças espirituais chamadas de Esquerda já haviam organizado suas falanges. Era chegada a hora de colocar no mundo físico a Umbanda, que já tinha sido organizada no etéreo e estava apenas esperando que o médium Zélio de Moraes, primeiro brasileiro a receber um mentor espiritual em público, abrisse espaço para que os espíritos começassem a trabalhar com os encarnados como seus intermediários.

Bruna e Lorenzo estavam tendo muita dificuldade em exercer o trabalho que Padilha havia lhes confiado. Padilha nos mostra por que sua menina estava tendo problemas com suas tentativas de comunicação com os viventes.

– Naquele momento da história, todos os chefes de falange estavam trabalhando em ritmo acelerado, porque estávamos à beira de uma guerra mundial e o plano espiritual maior estava encontrando extrema dificuldade para organizar as equipes de socorro. Eles esbarravam em uma onda de depressão que estava assolando o continente do velho mundo e levando milhares de pessoas ao suicídio todos os anos, aumentando assim o trabalho do grupo de espíritos que haviam treinado para resgatar soldados e vítimas do conflito. Porque tinham de reorganizar novas turmas para cuidar dos suicidas e poder continuar recrutando voluntários para trabalhar quando começasse a guerra, era um trabalho árduo e contínuo.

Os guardiões haviam detectado uma imensa falange de espíritos sombrios que se deslocavam para a Europa, para incentivar os líderes políticos a continuarem com seus planos de deflagrar um conflito mundial. Eram espíritos de baixíssimo padrão vibratório, mas que eram conhecedores de muitas artimanhas no campo militar. Muitos milhões de desordeiros haviam sido recrutados para espalharem medo, terror e todo tipo de barbaridade pelo planeta. Todos os chefes de falanges das sombras haviam dado as mãos e feito pactos de amizade, juntando forças para derrotarem os mensageiros de luz e espalharem por todo o planeta suas maldades, seus crimes e ódio entre a raça humana. Já estava estacionada sobre a Europa uma falange de espíritos sombrios liderada por um feiticeiro negro, ditador comandante de uma cidade do baixo etéreo, que dirige com extrema violência essa parte do mundo sombrio, queria acondicionar o máximo de ectoplasma que conseguisse. E com isso pretendia se tornar o mais rico e poderoso dos magos negros, candidatando-se a uma vaga no mundo dos dragões. Para isso ele invadia os cemitérios, os hospitais e qualquer ambiente que pudesse recolher o mínimo de fluido vital.

Caminhar de Pombagira

Bruna segue firme em seu plano de incorporar e desenvolver um núcleo religioso naquela casa, mas sente extrema dificuldade para intuir a médium, estava sentindo o peso do tamanho da responsabilidade que assumira perante sua Guardiã.

Mas o trabalho não podia parar, a organização tinha de dar seguimento à execução dos projetos da Padilha. A Pombagira sabia que o espaço físico tinha um tempo limitado, mas o complexo espiritual estaria naquele lugar por tempo indeterminado.

Mesmo com a deflagração do conflito na Europa, era necessário que se fizesse um trabalho intenso aqui no Brasil, onde as mulheres estavam começando a recusar o comando total dos homens; elas queriam estudar, trabalhar, participar da vida social, a ter direitos que somente aos homens eram outorgados. Padilha, naquele momento da história, já trabalhava com algumas mulheres, mas precisava de muitas outras para trabalhar com ela, por isso estava recrutando membros para formar sua falange, somente desse jeito seria possível continuar com o trabalho de orientação para as mulheres encarnadas. Padilha tinha uma rede de informações excelente, as mulheres que ela recrutava nem sempre tinham habilidades suficientes para se tornarem Pombagiras de incorporação, mas atuavam em outros setores da sociedade, protegendo mulheres que eram espancadas pelos maridos e não resistiam, acabavam desencarnando. Elas eram recolhidas e encaminhadas para os centros de tratamentos psicológico, para serem tratadas e preparadas para um recomeço.

No final do século XVIII, Padilha começou a atuar de maneira mais intensa no Brasil. Com a chegada de imigrantes europeus, a mistura de culturas começou a mostrar outra ótica sobre as mulheres; começavam a aparecer algumas usando maiôs nas praias, o que acabava se transformando em escândalos. As mulheres que eram abandonadas por seus maridos ou expulsas de suas casas pela família quando perdiam a virgindade, mesmo que por estupro, acabavam se entregando à prostituição e sucumbiam muito rapidamente, infectadas por doenças sexualmente transmissíveis que ainda não tinham cura no Brasil. Acabavam desencarnando totalmente insanas, muitas delas viravam mendigas quando eram expulsas das casas de meretrício a não tinham a quem recorrer.

Qual é o Objetivo da Instituição da Padilha?

Essa instituição tem como principal objetivo socorrer e orientar qualquer espírito que lhe procurar necessitando de apoio. Para Padilha, a caridade não tem fronteiras e independe do sexo, nacionalidade ou estado evolutivo em que se encontre o espírito. Se porventura um irmão desencarnado enxergar na organização a possibilidade de socorro e pedir ajuda, essa casa não o deixará desamparado, mas seu objetivo inicial era dar apoio psicológico a espíritos femininos passando por dificuldade emocional. Depois de alguns anos da fundação da organização Padilha, essa Guardiã conseguiu fazer com que nascesse no plano físico o movimento feminista no Brasil, movimento este que começou no Rio de Janeiro e se espalhou por todo o território nacional após a primeira metade do século XX. As mulheres brasileiras devem muito a essa Pombagira que muitos filhos denominam defensora do feminino, mas saibamos que ela atua como mentora espiritual de muitos homens e é querida por milhões deles por todo o planeta. Depois de muito treinamento e disciplina, Bruna e Lorenzo começaram a trabalhar como mentores de incorporação: a moça trabalhava com a mãe da esposa de Sião, Lorenzo trabalhava como Guardião com o pai da moça, sogro de Sião.

Depois de muito trabalho, dedicação e disciplina, Bruna achou que estava pronta para assumir seu posto de Guardiã. Ela trabalhava ininterruptamente com o grupo que se formou na casa de seu amigo de infância. Ele não participava das sessões de incorporações, porque tinha sua mediunidade direcionada para trabalhar de outra forma com a espiritualidade: dedicava-se a conversar e traduzir para os viventes o que os espíritos diziam. Mas quando Bruna incorporava em sua sogra, Sião ficava intrigado e encantado; achava a voz da sogra parecida com a de menina a quem ele chamava de patroinha, nunca comentou com sua esposa, mas tinha quase certeza de que era ela.

Com a experiência que o trabalho de incorporação lhe proporcionava, Bruna havia evoluído bastante, mas ainda usava o nome de sua penúltima existência na Europa. Resolveu então que estava na hora de assumir sua verdadeira identidade, solicitou uma visita de sua chefe, na qual lhe mostraria o andamento dos trabalhos na organização. Na ocasião da reunião com a Padilha, apresentou-lhe vários espíritos que haviam sido recolhidos das ruas e de casas de prostituição de São Paulo, Rio de Janeiro e de muitas outras cidades do Brasil. Bruna deu detalhes de como andava seu trabalho de incorporação e pediu então que sua mentora agendasse uma visita ao centro; precisava que ela a analisasse em uma das sessões de incorporação que comandava na casa de seu amigo. Necessitava de sua supervisão para dar prosseguimento aos trabalhos, que precisaria entrar em nova fase. Padilha já sabia do que se tratava e não demorou a agendar a visita.

Era o começo do século XX e muito trabalho precisaria ser feito para que o sofrimento dos espíritos que desencarnassem na guerra que começaria em breve fosse amenizado. Bruna era recém-desencarnada em relação a Padilha, mas como elas já haviam trabalhado juntas em outras épocas, a sintonia entre elas era perfeita. Padilha queria que sua menina liderasse os trabalhos de um grupo de mulheres recrutadas para fazer parte da falange; para isso ela as enviou para que assistissem às sessões de incorporação no centro onde Bruna e Lorenzo trabalhavam. Enquanto as moças acompanhavam tudo, seguindo as orientações da dupla de mentores, mais especificamente de Bruna, Padilha preparava o ambiente para uma coroação; queria presentear sua menina com uma linda festa. Certo dia, quando os trabalhos estavam começando, a Pombagira entrou na sala acompanhada de mais quatro mulheres. Bruna, ao vê-la entrando acompanhada daquelas moças, aproximou-se e foi recebê-las, Padilha carinhosamente beijou-a e lhe apresentou mais quatro escolhidas, deixando-as sob seus cuidados. Bruna pegou as meninas pelo braço e colocou-as no meio do salão, para que sentissem a irradiação dos espíritos que estavam concentrados em seus trabalhos auxiliando alguns desencarnados que haviam sido trazidos por um Preto-Velho, para que recebessem tratamento e, assim, com seus campos energéticos mais limpos, pudessem dar seguimento a seus caminhos. Bruna e Lorenzo desenvolviam um trabalho de limpeza dos campos energéticos dos espíritos desencarnados trazidos por aquele Preto-Velho, que saía andando pelos cruzeiros dos cemitérios em busca das chamadas almas penadas. Nessa época, os Caboclos, Exus e Pretos-Velhos estavam recrutando suas equipes para propagarem a Umbanda, que se fazia necessária no Brasil, pois não havia naquele momento uma doutrina que oferecesse suporte a esse tipo de trabalho. Esta era a maior dificuldade dos mentores espirituais, vencer a barreira do descrédito e da oposição das doutrinas já existentes no Brasil.

Os trabalhos na casa de Sião seguiam normalmente. Padilha circulava majestosamente pela sala, sempre acompanhada de perto por sua menina, que estava radiante de tanta felicidade, mas que continuava incorporando a sogra de seu amigo. Bruna já havia executado seu trabalho e, por isso, não havia mais necessidade de continuar incorporando sua médium; foi se afastando aos poucos e liberando a senhora para o descanso. Nesse momento se aproximou da esposa de seu amigo, que estava de pé ao lado do marido, tirou o lenço de sua cabeça, chegou bem próximo dela, sintonizou seu corpo astral ao da moça, que apenas deixou sair uma linda gargalhada para, em seguida, uma voz mansa e feminina dizer a seguinte frase.

– Boa noite, seu moço, quero me apresentar para você! Eu sou Maria Padilha Menina Sete Encruzilhadas – logo em seguida deu uma elegante gargalhada e se despediu, deixando o corpo astral da médium suavemente.

Padilha sabia da homenagem que Bruna lhe faria; por isso estava preparando um momento especial para ela, que estava prestes a assumir importantes responsabilidades como Guardiã. Para a chefe da organização, mais importante que receber tais homenagens era ver mais um espírito bem-sucedido integrando-se à falange, mas havia algo mais a ser comemorado por Padilha: o êxito de Bruna caminhando em direção à luz era também uma vitória pessoal da mentora. Enfim, tudo estava se encaminhando para os caminhos retilíneos, e esse era o objetivo da Pombagira.

Padilha informou a Bruna que, a partir daquele momento, se fosse de sua vontade, poderia deixar de usar o nome de encarnada para usar outro de sua livre escolha, com o qual se tornaria conhecida no mundo espetacular e exuberante das Pombagiras, onde luxo e *glamour* fazem parte do dia a dia dessas mulheres especiais que alcançam tal dádiva. Bruna não escolheu um nome, mas fez questão de deixar claro que estava se tornando uma Padilha Menina. Sua chefe sentia-se lisonjeada com o carinho, mas fez questão de lhe lembrar de que todo espírito que ascende a esse posto de Guardiã tem de se submeter aos rigores da Lei Universal, portanto não deveriam se esquecer de que responsabilidade e disciplina devem imperar sempre de maneira exemplar.

Depois de receber a homenagem de sua menina, a chefe pediu que ela deixasse de irradiar a esposa de Sião, para que os viventes se retirassem e a sala ficasse desocupada, para que ela pudesse trabalhar. Bruna, obedecendo ao comando de sua mentora, foi se afastando aos poucos e deixando que Neusa retomasse seu estado normal. Com o fim dos trabalhos, as pessoas presentes começaram a sair, nesse dia não houve o costumeiro café depois dos trabalhos.

Quando os encarnados que moravam na casa física se recolheram e o ambiente se encontrava desocupado, Padilha pegou a mão de Bruna e as duas ocuparam o centro da sala. A chefe das Pombagiras pediu que suas auxiliares as rodeassem para que se formasse uma forte egrégora; só então, com a sala especialmente harmonizada, ela colocou a mão sobre a fronte de Bruna e começou a executar uma série de sinais mágicos. Naquele instante começou a acontecer uma transformação inacreditável no ambiente imaterial; sob os olhares admirados das integrantes da falange acontecia uma espetacular metamorfose no etéreo da casa de Sião. O que Bruna só viria descobrir mais tarde é que tudo já estava programado por Padilha; ela sabia que a coroação se daria naquele tempo, portanto já havia preparado a festa e convidado seus pares, que estavam chegando ao complexo e eram recepcionados e encaminhados para salas específicas, em um ambiente previamente preparado para que se mantivessem alheias aos olhos dos feiticeiros negros, pois estaria reunida naquela noite na casa da Padilha a nata dos Exus de Lei e autoridades espirituais e planetárias. Um ataque dos feiticeiros não surtiria efeito contra tais autoridades, mas conturbaria o ambiente festivo.

Entre as integrantes de sua falange, a Pombagira chefe deslizava de maneira suave e majestosa no meio do salão de festas, conduzindo a primeira Guardiã Menina no Brasil.

Somente após apresentar Bruna a suas auxiliares integrantes da falange, Padilha, conduzindo-a, direcionou-se para o salão nobre, onde ficariam expostas aos olhares atentos das autoridades presentes, exatamente por isso nada poderia atrapalhar a festa de coroação.

No momento em que Maria Padilha se preparava para apresentar sua menina às autarquias do sistema planetário, recebeu das mãos de um mensageiro uma bela coroa de ouro trabalhada com pedras preciosas, símbolo máximo das falanges de Guardiãs de Lei. Aquela coroa era o reconhecimento do comando planetário ao esforço de Bruna e Padilha por superarem as dificuldades às quais foram submetidas, a joia naquele instante passava a pertencer à nova Pombagira Padilha Menina.

Ao receber a belíssima coroa das mãos do mensageiro de luz, a Pombagira chefe ergueu a mão e desenhou vários sinais que se assemelhavam a pontos riscados suspensos no meio do salão nobre, firmando-os magneticamente, o que mantinha a joia suspensa acima da cabeça dos convidados. Padilha conduziu Bruna, sentou-a em seu trono e deu sequência ao jogo de sinais mágicos. Cada símbolo que ela desenhava no ar modificava aquele ambiente, que ia paulatinamente se transformando; e, em pouco tempo, surgiu um belíssimo palácio ricamente decorado. Bruna estava extasiada com toda aquela transformação acontecendo em sua nova vida. Era um presente que recebia de sua mentora.

Padilha havia preparado uma surpresa para sua filha: equipes de colaboradores trabalhavam no preparo do palácio havia muitos dias sem que Bruna percebesse. O complexo estava ricamente decorado com as mais variadas obras de artes, que representavam épocas na história da humanidade. Era possível encontrar obras de artistas como Rafael, Leonardo Da Vinci, Michelangelo e muitas outras, sendo algumas de artistas contemporâneos. Nas paredes daquele palácio também se encontravam várias obras desconhecidas da humanidade, pois haviam sido produzidas em planetas de fora da nossa galáxia, e que foram enviadas e presenteadas à nossa rainha por seres espirituais das altas hierarquias, que certamente estariam presentes ao evento de coroação de Bruna representando as autoridades interplanetárias. Muitas dessas obras de arte ainda estão no oculto, mas em um futuro próximo virão a ser produzidas por um artista vivente, e assim poderão ser apreciadas pelos irmãos encarnados. Enquanto não começava a festa oficial no suntuoso palácio, Padilha executava uma linda dança na belíssima sala de eventos paralela ao salão nobre do palácio. Ela novamente conduzia sua menina para um último ensaio da dança enquanto estavam ocultas aos olhos das altas autoridades espirituais presentes na festa. Elas dançavam deslizando suavemente pela suntuosa sala enquanto a jovem Bruna adquiria seu real biotipo. A moça passava por uma metamorfose inacreditável, jamais imaginada pelos encarnados, mas que é muito comum entre espíritos evoluídos.

Bruna era bem jovem e tinha cabelos longos e ruivos, entretanto, aos poucos se transformava em uma mulher adulta, porém mantinha a expressão jovial e passara a trajar roupa tipicamente cigana. Aos poucos ia assumindo traços antigos adquiridos nos tempos em que comandou a nobreza europeia, mais especificamente da região nórdica desse continente, onde vivera sua última encarnação como rainha de um grande principado daquele lado do continente.

Bruna nem percebia os acontecimentos com ela, estava impressionada com a transformação do ambiente. Era difícil acreditar no tamanho e graciosidade daquela construção, ela não conseguia imaginar como sua mentora havia conseguido comandar tão suntuosa obra oculta a seus olhos. O que mais a impressionava era ver tudo aquilo acontecendo naquele ambiente humilde que era a casa de seu amigo Sião.

Nenhum vivente que ficasse a distância olhando aquela casinha simples imaginaria que sobre ela existiria uma construção daquela magnitude, mas foi aquele lugar que a senhora Pombagira Maria Padilha escolheu para construir seu complexo humanitário que serviria para coroar a mais nova integrante da falange, a primeira Pombagira Rainha Menina do Brasil.

A festa e coroação da Rainha Menina

O salão nobre do palácio estava com seus lugares ocupados. Quando o chefe do cerimonial ocupou o centro do palco e começou a anunciar a presença de autoridades, anunciou também a presença de uma comissão especial da corte universal, composta de representantes do comando planetário. Dando sequência ao evento, o elegante senhor destacou a presença dos senhores Exus de Lei, que estavam reunidos em uma sala anexa ao salão nobre preparada especialmente para acomodá-los, e os convidou para que ocupassem seus lugares previamente reservados.

Estavam presentes ao evento de elevação da Pombagira Menina os representantes máximos da força energética à esquerda e principais Guardiões de Lei do planeta, os senhores chefes de falange, Exu Tranca-Ruas, Exu Marabô, Exu Veludo, Sete Encruzilhadas, Exu Caveira, Exu Capa Preta, Exu Sete Calungas, Exu Tiriri, Exu do Lodo, Senhor Sete Portais, acompanhado do Exu Mirim. O chefe do cerimonial elegantemente comandava o evento com extrema habilidade, dando sequência ao evento, e chamou para que também ocupassem seus lugares as senhoras Guardiãs chefes de falange: Maria Mulambo, Maria Quitéria, Sete Saias, Rosa Caveira, Rainha Cigana, Sete Catacumbas e Rainha do Lodo. Eram esses os chefes de falange que representavam a força maior da esquerda energética no complexo Serra da Mantiqueira. Cumpridas as formalidades, o chefe de cerimônia anunciou a subida ao palco da senhora anfitriã do evento, Maria Padilha Rainha das Sete Encruzilhadas. Quando a chefe da organização se apresentou no palco, conduzindo Bruna pela mão, ladeadas por sete lindas moças integrantes da falange, todos os presentes na sala, por mais autoridades que fossem ou estivessem representando, levantaram-se, e elas foram recebidas e ovacionadas pelas autoridades. Depois que cessaram as palmas, gentilmente Padilha agradeceu a presença de seus pares e outras autoridades, para em seguida lhes apresentar Bruna, a primeira Pombagira Menina da organização Maria Padilha. Em seguida, passou às mãos da nova Pombagira um exemplar do código de ética, manual que recebera tempos atrás das mãos de autoridades do comando planetário. Perante a sala lotada de senhores da lei, explicou para sua Menina que aquele livro seria o parâmetro a ser consultado para qualquer decisão que porventura precisasse tomar. Enquanto Padilha recebia os aplausos das autoridades espirituais presentes, uma de suas auxiliares subiu ao palco carregando a coroa enviada como presente pelo comando da luz à chefe da organização. A moça colocou em suas mãos a belíssima joia e imediatamente Padilha a colocou sobre a cabeça de Bruna. Estava coroada a Rainha Padilha Menina Sete Encruzilhadas. Após o ato de coroação, elas desceram do palco, dando lugar a uma orquestra de altíssimo nível, que executava suaves e excelentes sinfonias, aumentando a frequência vibracional, dando mais equilíbrio e harmonia ao ambiente.

Enquanto a chefe da organização Padilha e sua protegida circulavam entre os convidados, agradecendo-os e dando boas-vindas aos representantes das altas autoridades espirituais e planetárias, acontecia a festa de coroação da Pombagira Menina no salão nobre do palácio. A equipe de guardiões responsáveis pela segurança do complexo trabalhava intensamente para manter o lugar isolado e fora do alcance de espiões dos magos negros, que tinham a missão de manter os senhores das sombras informados sobre as atividades da Organização Padilha. Os Caboclos de Tupinambá e Exus Sete Encruzilhadas alinhados com as forças especiais do Exu Mirim haviam montado um sofisticado sistema de espionagem no baixo etéreo para detectar possíveis investidas dos feiticeiros negros contra a Organização Maria Padilha, denominada por ela como Complexo Serra da Mantiqueira.

Enquanto acontecia a festa dentro do palácio, os trabalhadores responsáveis pela organização do evento se mantinham atentos aos acontecimentos fora dos portões do complexo, pois havia sido detectado um movimento suspeito em suas imediações, que poderia ser de espiões do baixo etéreo.

Em volta do suntuoso palácio foi armado um forte e eficiente esquema de segurança para que não houvesse nenhuma surpresa durante o evento, ou depois dele. A segurança daquele ambiente deveria ser uma constante, mesmo porque por ali passariam espíritos com um histórico complicado e certamente haveria tentativas de resgate. Os Exus chefes tinham consciência de que isso poderia vir a acontecer. Mesmo conhecendo os mistérios de sua amiga e sabendo que Padilha é extremamente cuidadosa em sua maneira de trabalhar, a chefe da falange Maria Mulambo trouxe uma equipe de especialistas em segurança e a colocou à disposição da amiga. Ela fez questão de dar-lhe um abraço e parabenizá-la pela iniciativa do projeto e pela coroação da Guardiã Menina. Após as formalidades, dona Mulambo se pôs à disposição da amiga para qualquer eventualidade.

A Organização do Complexo Padilha

A equipe do cerimonial havia colocado cadeiras à direita na entrada do palácio, que seriam ocupadas por espíritos trabalhadores na corrente da direita energética, que vieram participar do evento e dar sustentação espiritual ao empreendimento. Ao centro, uma fileira de acentos foram destinados aos representantes do comando planetário, que atuam em uma frequência superior às duas forças, direita e esquerda.

Igualmente sentados à esquerda da entrada do palácio, encontravam-se os trabalhadores das dimensões mais densas do etéreo, os Exus de Lei, chefes de falanges que representam a força maior da corrente da esquerda energética. Estavam colocadas as forças da direita e da esquerda ladeando o centro, de modo que dava perfeito equilíbrio ao ambiente.

Vale a pena lembrar que esse complexo fora construído com o objetivo de oferecer conforto a irmãos necessitados e especialmente a mulheres que ainda em vida passaram pelo dissabor de andar pelos caminhos da prostituição, mas que, por causa do momento crucial atravessado pelo planeta em guerra, estava com suas atividades muito expandidas.

Bruna Guardiã

Após dar boas-vindas aos convidados e autoridades, Padilha, cercada por algumas das mulheres que compõem sua falange, dirigiu-se ao lugar de honra onde havia coroado a nova integrante de sua equipe. Ao concluir a coroação de Bruna, Padilha retornou ao centro do palco, colocando sua protegida sentada na cadeira de rainha, pois era de seu merecimento. Em seu discurso, a Pombagira explicava aos presentes que aquele não era simplesmente um momento de coroação de mais uma Guardiã, fazia questão de deixar claro que aquele momento era único, portanto deveria ser muito festejado, pois era a conquista de um espírito que teve a coragem de enveredar pelos caminhos difíceis que encontrou em suas encarnações em busca de evolução espiritual e, no entanto, estava vencendo a batalha contra as sombras de seu passado.

Padilha apresentava Bruna aos amigos e autoridades como um espírito de grandeza, que era merecedor de sua confiança, salientando que no momento atual de sua existência esse espírito se encontrava desprovido de orgulhos e vaidades, que teve de enfrentar provas duras mas havia se tornado vencedor de suas dificuldades e que havia dado mais um passo em direção à evolução. Padilha parabenizou Bruna por sua nobre atitude, pois mesmo ela podendo escolher trabalhar em uma equipe de mensageiros em postos mais elevados do planeta, fez a opção de ficar trabalhando nas dimensões de baixa frequência, pois ela bem sabe que é nesse lugar onde há maior necessidade de socorro.

– Meus irmãos Exus e autoridades planetárias, nós sabemos que o ambiente no baixo etéreo é difícil, hostil, chega a ser perverso, e é nessas dimensões onde se encontram milhões de irmãos desencarnados perdidos ou aprisionados pelos criminosos astrais à espera de nossa ajuda, pois então devemos trabalhar no sentido de que mais irmãos consigam cumprir suas tarefas, para que mais trabalhadores apareçam em nossas falanges. Sabemos que só dessa forma podemos oferecer mais nosso trabalho aos Mestres da Luz.

Encerando seus agradecimentos, a chefe da energia Padilha se dirigiu a Bruna e, aproximando-se do lugar de honra, chamou as auxiliares que as ladearam no palco apresentando-a como Padilha Menina, a chefe da falange que se iniciaria no complexo Mantiqueira, e elas seriam suas primeiras colaboradoras.

A Festa na Casa da Padilha Menina

Enquanto a chefe da organização Maria Padilha cumpria com as formalidades, uma imensa equipe de jovens garçons circulava pelo salão servindo vinhos finos, licores e cigarrilhas para as mulheres. Outra equipe de lindas moças servia bebidas fortes aos homens, que sorviam seus uísques e acendiam seus charutos. Os representantes planetários estavam se despedindo da Padilha, retornado às suas bases e deixando o momento festivo para quem entende de festa, os Exus e Pombagiras.

Enquanto a coroação de Bruna acontecia no castelo etéreo criado por Padilha, no mundo físico Sião e sua esposa dormiam profundamente, muito bem guardados por uma equipe de Guardiões do Senhor Exu Sete Encruzilhadas, que daquele dia para a frente se revezariam na proteção ao portal de acesso à organização Padilha, onde seria montado um espaço destinado ao tratamento especial para as mulheres que desencarnam sem discernimento do acontecido e não aceitam a situação. Enquanto que o grande hospital seria usado para recolher espíritos desencarnados na guerra, que não eram poucos, com um agravante: muitos espíritos vitimados nos combates já estavam sendo aliciados pelos feiticeiros negros que os escravizavam e cometiam todo tipo de maldades com esses irmãos.

No castelo da Padilha a festa atravessou a noite. Quando foi se aproximando o nascer do sol, os convidados foram se despedindo da chefe das Pombagiras e retornando a seus reinos. Quando o último convidado deixou o complexo, Padilha também se despediu, lembrando à Bruna de que agora ela era uma Guardiã e muito trabalho a esperava. Era chegada a hora da verdade para a nova Pombagira, que contava com o apoio discreto de Lorenzo, seu companheiro de batalha que estava se preparando para ingressar na falange Sete Encruzilhadas, fazendo inclusive algumas incursões nos campos de batalha da Europa. Mas ainda demoraria um tempo para se tornar Exu, agora ele teria de trabalhar muito na construção do centro de apoio da organização humanitária que acabara de nascer na Serra da Mantiqueira. Padilha reuniu as mulheres de sua falange, que se encontravam no complexo, e escolheu algumas delas para que ficassem auxiliando Bruna enquanto ela montava sua equipe. Ela havia se tornado responsável pelo funcionamento do complexo e acabara de ser coroada como Pombagira.

O Nascer de uma Pombagira

Envolvida no trabalho e se dedicando em tempo integral a ele, a nova Guardiã foi construindo seu universo paulatinamente, as companheiras que ficaram para lhe prestar auxílios estavam tão envolvidas no trabalho de resgate de espíritos desamparados, que a nova chefe não precisava mais coordenar o trabalho de campo, dessa forma lhe sobrava mais tempo para coordenar os trabalhadores internos. Lorenzo havia viajado junto a uma equipe do Senhor Sete Encruzilhadas para a Europa, para auxiliar no resgate de espíritos vítimas da guerra e encaminhá-los para socorro em segurança, esse era considerado um trabalho de alta periculosidade, porque a Europa estava infestada de espíritos sombrios emitindo ondas vibracionais de baixíssima frequência, gerando um ambiente extremamente violento, espalhando medo e contaminando as pessoas, promovendo depressão por todo o continente e suas adjacências.

A onda de destruição e pessimismo que os espíritos sombrios construíam mentalmente era imensamente grande, de um tamanho inimaginável, a nuvem cobria mais da metade do continente e a cada dia que se passava chegavam mais espíritos trevosos, aumentando as dificuldades dos trabalhadores da luz em se locomover. Não havia como os mensageiros combaterem uma imensidão naquela proporção, era uma horda de espíritos da mais alta periculosidade, entre eles muitos já conhecidos da humanidade antiga, eram velhos feiticeiros praticantes milenares de magia negra. Esses seres têm seus sentimentos petrificados na maldade absoluta, não houve como esse grupo ser vencido naquele primeiro momento da guerra. Fazia-se necessário que forças superiores enviadas para o planeta se reorganizassem para neutralizar o grupo na campanha seguinte. A segunda metade da guerra já estava sendo arquitetada nas dimensões inferiores, com a participação sistemática do dragão responsável pelo desenvolvimento de armas de alta tecnologia que seriam usadas na guerra; esse irmão caído é responsável por manter a desordem e o desequilíbrio da superfície da Terra. Esse dragão também trabalha no desenvolvimento e execução de conflitos militares por toda a crosta, ele deflagra guerras e atentados provocativos que desencadeiam mais ódio e sentimento de vingança entre as nações. Com essas atitudes, ele consegue retardar muito a evolução do planeta.

Mas a organização Maria Padilha nada tem a ver com o trabalho desse ou de qualquer outro dragão, mago negro ou outra força qualquer, seja ela das sombras ou da luz. Maria Padilha trabalha de acordo com seus princípios, sempre nos caminhos da prosperidade, não se envolve com demandas de magia negra mesmo sendo mestra maga e uma das mais conceituadas e temidas feiticeiras do velho mundo. Ela se reserva o direito de não executar trabalhos negativos, seu campo de atuação é o combate às injustiças, praticadas especialmente contra as mulheres. Essa é a linha de trabalho que a misteriosa e feiticeira Maria Padilha executa. Quebrando feitiços, desmontando demandas, conduzindo seus seguidores para a prosperidade. Essa é a energia Maria Padilha. Mas é aconselhável que ninguém, inclusive os encarnados, pratique injustiças contra seus filhos, porque nesse caso ela deixa de ser apenas uma feiticeira e passa a agir como uma mãe zelosa.

A execução dos trabalhos no complexo humanitário

Fazia algum tempo que o centro de apoio humanitário estava recebendo espíritos de mulheres que desencarnaram e se encontravam desamparadas, muitas outras haviam sido encaminhadas para suas colônias espirituais de origens. Mas naquele momento a dinâmica no complexo da Mantiqueira havia mudado, fazia algum tempo que estavam acontecendo os combates da segunda metade da guerra, uma imensa massa de espíritos necessitava de socorro, especialmente mulheres, idosos e crianças da Europa, onde os combates eram mais agressivos e faziam maior número de vítimas. Nesse momento do conflito, começou a acontecer um massacre contra os ciganos, povo do qual fez parte Maria Padilha em uma de suas encarnações. Foi por conta desses massacres e pelo conhecimento que Padilha tinha de várias comunidades ciganas na Europa que muitas mulheres dessa raça acabaram sendo socorridas e trazidas para o Brasil, para o centro de apoio Maria Padilha, onde eram recebidas pela nova Pombagira e encaminhadas para tratamentos psicológicos junto aos médicos da colônia espiritual, que davam apoio logístico e sustentação ao trabalho da organização.

Muitos espíritos ciganos tinham plena consciência de sua condição de desencarnados, o que facilitava o trabalho da Padilha Menina, que se desdobrava entre os viventes com as incorporações e os espíritos fora do físico. Aquela era uma época muito confusa, era o momento em que a Umbanda estava sendo introduzida no plano físico no Brasil e muitos espíritos zombeteiros estavam tentando tirar proveito dos médiuns e induzi-los ao erro.

Os ciganos tinham vasto conhecimento em irradiar encarnados, por isso não demorou muito para eles desenvolverem uma corrente muito forte para combater as trapaças dos espíritos sombrios descomprometidos com qualquer disciplina ou conduta moral, que ainda nos dias atuais andam de centros em centros de Umbanda ou qualquer outro seguimento religioso distribuindo a discórdia entre grupos evangelizadores.

Conforme se aproximava o fim da segunda grande guerra, a organização humanitária Padilha Menina continuava trabalhando e socorrendo milhares de espíritos. Ela havia montado uma base de apoio aos desencarnados que se encontravam em melhor nível de consciência. A instituição contava com total dedicação dos ciganos;

tanto no trabalho como na organização de pessoal, esses espíritos traziam em suas bagagens muita experiência acumulada ao longo de suas encarnações por várias regiões do planeta, onde as guerras foram o fator destruidor de muitas civilizações que por aqui passaram. Os Exus firmaram parcerias com os Caboclos de Tupinambá, guerreiros da selva amazônica; esse grupo somava forças para combater e prender os feiticeiros negros que tentavam a todo momento invadir a organização e cemitérios para roubar ectoplasma.

A Serra da Mantiqueira foi o lugar no Brasil onde houve maior movimentação espiritual durante a guerra. Os Exus chefes de falanges deslocavam parte de suas equipes para trabalhar na Europa e deixavam um considerável número no Brasil. Esse contingente atuava no auxílio e transporte de desencarnados para suas colônias de origem. A guerra acontecia em vários níveis dimensionais. Enquanto o comando das forças de segurança do planeta trabalhava sem trégua para restabelecer a lei e a ordem, o lado que tinha interesse em manter a desordem também se articulava e intensificava o curso da guerra. O ambiente nas dimensões escuras da Terra estava extremamente movimentado. Com o passar do tempo, os comandantes militares do conflito trabalhavam ininterruptamente no desenvolvimento de armas cada vez mais poderosas e as transportavam para o plano físico através de seus emissários encarnados, que atuavam nos dois lados do combate. Muitos comandantes de guerra, depois que dormiam fisicamente, seus espíritos deixavam o corpo adormecido e se deslocavam para as dimensões de baixo padrão vibratório, em busca de conhecimentos e treinamento na arte de dominar o inimigo, onde estavam localizadas as escolas de estratégias e combates a fim de receberem instruções dos comandantes da escuridão. Esses encarnados que executavam as ordens dos dragões aqui no plano físico de uma ou outra maneira tinham fortes influências no conflito, traziam com eles a incumbência de executar projetos e precisavam que as armas desenvolvidas no etéreo fossem construídas e usadas. E dessa maneira o planeta ficou sob o ataque das trevas por anos, criando uma onda negra de violência insuportável.

Durante o tempo em que as forças negativas praticamente dominaram o planeta, os feiticeiros negros montaram suas hordas de zombeteiros, fizeram inúmeras experiências aqui na crosta, auxiliando muitos cientistas encarnados em suas experiências monstruosas.

Foi durante a guerra que o Brasil conheceu o trabalho dos Exus, que até então eram desconhecidos, pois não havia mecanismos de incorporação tão abundante. A Umbanda era recém-nascida naquela época, era uma religião proibida, mas para Maria Padilha o que menos interessava era o que os viventes pensavam a seu respeito; enquanto as lideranças religiosas estavam perdendo tempo debatendo quem era santo ou demônio, ela estava trabalhando para oferecer conforto às vítimas dos campos de batalha e estruturando sua organização para implantar nesse país o conceito de direitos iguais entre homens e mulheres. Nessa época, Padilha se associou a outra Pombagira que já trabalhava no resgate de mulheres prostitutas que desencarnavam e ficavam vagando pela crosta umbralina à mercê dos criminosos astrais. Essas almas eram recolhidas e encaminhadas à instituição criada por Maria Mulambo, que oferecia proteção e abrigo a esses espíritos desorientados e com sérios problemas mentais.

O momento era muito crítico, o planeta estava infestado de espíritos criminosos e faltavam mensageiros comprometidos com a lei da caridade. Era necessário que todas as vertentes sagradas unissem forças para combater o crime organizado. Foi montada uma frente de trabalho onde os Pretos-Velhos e caboclos lutavam em tempo integral para afastar os feiticeiros negros e sua horda de marginais dos campos de batalhas, terreno fértil para o roubo de ectoplasma ou qualquer outro material vital. Para os encarnados, tudo o que estava acontecendo no planeta era novo, mas para Padilha e todos aqueles chefes de falange que estiveram presentes na festa de coroação de Bruna, todos os eventos que estavam acontecendo na guerra eram previsíveis, afinal não era o primeiro conflito que eles presenciavam no planeta. Mesmo porque a guerra é arquitetada antes no baixo etéreo para somente depois ganhar volumes no plano físico; logo, eles ficam sabendo dos acontecimentos antes que surjam.

O momento de turbulência e desequilíbrio que o planeta atravessava obrigava os espíritos trabalhadores a se organizar em grupos para combater as forças sombrias que o assolavam com a imensa onda negativista. Os senhores das sombras induziam milhões de pessoas a baixarem seus padrões vibratórios, e assim os feiticeiros negros usavam e abusavam de seus poderes mágicos. Dessa maneira, a guerra ganhava corpo e as sombras imperavam mais facilmente. Esse era o grande plano dos dragões. Entretanto do outro lado tínhamos espíritos de grandeza trabalhando para que essa onda negativa fosse dissipada. Os esforços eram sobrehumanos entre os mensageiros de luz, mas as autoridades das trevas também não davam trégua e a cada dia era inventada uma nova fórmula para desestabilizar ainda mais o planeta.

Enquanto os senhores das sombras trabalhavam intensamente para desenvolver novas maneiras de propagar a destruição pela Terra, na Serra da Mantiqueira o trabalho da organização Padilha não cessava; todos os dias chegavam novos desencarnados, e outros eram encaminhados para suas colônias de origem. Era a caridade combatendo os efeitos da maldade.

A organização ganhava novos voluntários a todo instante, os Exus chefes de falanges enviavam alguns de seus subordinados para que ajudassem nos trabalhos do complexo. A Pombagira Menina comandava com maestria a organização, estava colocando em prática todo aprendizado adquirido durante suas passagens pela Terra. Padilha Menina comandava com facilidade um imenso exército de homens e mulheres vindos de todas as partes deste e de outros planetas, onde o único objetivo era promover o bem-estar aos irmãos. Ela recebia os voluntários enviados pelos chefes da esquerda e pelos mentores espirituais da direita, organizava os trabalhos com tamanha habilidade que não demorou muito para a notícia ganhar corpo em todas as dimensões, tanto na sombra quanto na luz. Em todas as colônias espirituais, o nome Padilha Menina Sete Encruzilhadas começava a ganhar confiança e respeito.

Em outro momento da história, o Brasil já havia se destacado no mundo etéreo por causa do trabalho da espiritualidade para introduzir a Umbanda no plano físico, trabalho coordenado por espíritos de todas as linhas de trabalho, Caboclos Pretos-Velhos, Exus e Pombagiras, felizmente uma falange de espíritos mentores e guias desprovidos de vaidades. Devemos salientar que esse trabalho era facilitado também pela cultura de miscigenação, em que os povos se misturam e as doutrinas se fundem espontaneamente. Mas o trabalho no complexo era muito elogiado em todas as dimensões, a espiritualidade não deixava faltar apoio à organização.

A Pombagira recebia todos os dias, em seu palácio na Serra da Mantiqueira, ajuda vinda de toda parte do Universo. Irmãos de outras galáxias que já se encontram em estágio espiritual bem avançado em relação à Terra ofereciam ajuda no transporte de espíritos doentes que necessitavam retornar às suas colônias espirituais ou a seus planetas originais. Um grupo grande de mensageiros médicos do planeta Antares chegou à Terra para trabalhar nos hospitais de campanha e hospedaram-se em um castelo que a chefe de Bruna disponibilizou para eles na Polônia, que já funcionava como ponto de apoio do complexo da Padilha Menina no Brasil. A situação energética da Terra era uma calamidade, sua atmosfera estava carregada de fluidos negativos, por causa da presença de grande número de espíritos de baixa frequência que se encontravam em missão por todos os países do planeta. A organização da guerra exigia muito trabalho, e era fundamental que chefes de Estado fossem assediados para se colocarem a favor do conflito, seguindo o exemplo das autoridades da Alemanha, que se encontrava completamente dominada pelos senhores da escuridão. Os espíritos que chegavam ao planeta traziam sempre uma missão, fossem eles da luz ou das trevas; ninguém estava aqui sem um propósito. O planeta passava por seu pior momento desde agosto de 1939, mês que antecedeu a invasão da Polônia pelo exército alemão comandado no mundo físico pelo chanceler Adolf Hitler. Enquanto em 1º de setembro desse ano explodia o conflito no mundo material, no extrafísico as forças de segurança do planeta já se movimentavam para amenizar o sofrimento no planeta e enfraquecer os comandantes a serviço da escuridão.

Milhões de espíritos iluminados de dimensões superiores começaram a adentrar a atmosfera densa que se formara em volta da Terra, eram espíritos dotados de poder para romper a escuridão energética. Esses irmãos penetravam a atmosfera densa assemelhando-se aos meteoros que rompem nossa estratosfera. Por onde eles penetravam abriam-se imensos buracos na nuvem negra criada por espíritos a serviço dos senhores da escuridão, para dificultar o trabalho dos mensageiros de Jesus. A nuvem negra era rompida a todo momento, fragilizando o domínio que os irmãos das sombras tentavam impor ao planeta; essa nuvem cobria toda a extensão da Terra, especialmente o continente europeu, onde aconteciam os combates mais violentos, produzindo um maior número de vítimas. Esse ambiente oferecia terreno fértil para que as forças sombrias agissem. Foi perfeita a estratégia adotada pelas forças de segurança planetária, rompendo o sistema de defesa da sombra com espíritos de luz penetrando a nuvem densa de fluidos negativos, essa foi a melhor forma encontrada para fazer o bom combate, que durou todo o tempo em que aconteceu a guerra no plano físico.

Por ordem do comando planetário, esses irmãos do planeta Antares intensificaram suas atividades para abrir o maior número de buracos possíveis na densa atmosfera terrestre. Os senhores da guerra começavam a perder forças e algumas frentes de batalha no campo físico chegaram ao esgotamento total. Esses eventos diminuíam o número de espíritos que desencarnavam em combates. O etéreo estava voltando a uma normalidade, ainda que frágil, mas já se notava um progresso muito grande das equipes espirituais a serviço da luz; isso fazia com que Padilha pudesse disponibilizar auxiliares para sua Menina, possibilitando que ela obtivesse mais êxito à frente da organização e consequentemente pudesse oferecer melhores condições de tratamento e mais conforto aos espíritos desabrigados que chegavam a todo momento ao complexo Serra da Mantiqueira.

A Organização Ganha Força

Em uma incursão que os Caboclos de Tupinambá fizeram na mata, localizaram um laboratório de pesquisa que havia sido usado por um grupo de cientistas das sombras para desenvolverem vírus e bactérias de alto poder destrutivo, que algum tempo atrás havia sido localizado e desativado por um Preto-Velho em parceria com o senhor Exu Meia-Noite.

Os Caboclos levaram imediatamente a descoberta ao conhecimento da supervisora do projeto, a Pombagira Menina. Imediatamente, ela fez questão de ir ao local pessoalmente, levando logo depois tal descoberta ao conhecimento de sua chefia, que esteve de acordo com seus planos e autorizou que Bruna anexasse-o posteriormente ao complexo Mantiqueira, para que todos aqueles equipamentos e maquinários descobertos fossem usados pelos cientistas de sua equipe para desenvolverem remédios e vacinas contra doenças que, após eclodirem, certamente fariam vítimas no planeta. Imediatamente ela requisitou uma reunião com a chefe e lhe informou sobre a utilidade do laboratório e o destino que havia dado ao maquinário. Sua decisão foi elogiada pela Tata, que a autorizou a montar a equipe de cientistas e dar início às pesquisas científicas imediatamente.

As Equipes de Cientistas

Conforme orientação de sua chefia, Bruna começou a recrutar sábios de todas as partes do planeta. A notícia se espalhou muito rapidamente, por intermédio de irmãos mensageiros ligados ao kung fu que trabalhavam em uma colônia situada sobre a Ásia. Uma grande equipe médica liderada por um cientista muito conceituado do Japão, desencarnado na primeira metade do século XIX, entrou em contato com ela e, ao receber autorização, se instalou no complexo científico imediatamente.

Do continente africano, líderes tribais também se juntaram para montar suas equipes de anciões que detinham conhecimento das propriedades medicinas das plantas, e tempos depois eles já estavam trabalhando em conjunto com o grupo de japoneses, desenvolvendo medicamentos que apareceriam pouco tempo depois no plano físico. Esses anciões trouxeram com eles uma equipe muito grande de guerreiros, que sob o comando do Exu Sete Encruzilhadas atuavam no combate aos feiticeiros negros; dessa forma eles evitavam que esses seres adquirissem o fluido vital ectoplasma. Os guerreiros agiam de maneira enérgica, para que não tivessem êxito nas invasões dos complexos hospitalares ou campos de refugiados onde o ambiente era propício para que os magos adquirissem tal material.

No continente do grande Oriente Médio havia forte movimentação, os guerreiros tuaregues também estavam empenhados em montar sua equipe para apoiar o trabalho de Maria Padilha e reforçar a segurança do complexo instalado por ela na Serra da Mantiqueira.

No continente europeu, nessa época as coisas estavam bastante difíceis, as pessoas andavam mergulhadas no paganismo e na descrença total do sagrado, mas havia um grande grupo de mulheres sábias desencarnando, que preparava aprendizes para reencarnar e dar sequência a seus costumes e lhes passavam conhecimentos. Era um pequeno e isolado grupo, mesmo assim as feiticeiras das montanhas geladas do velho mundo se organizavam para enviar suas mulheres para fortalecer as equipes da Padilha Menina do Brasil.

Quando se aproximou o fim dos combates, o baixo etéreo intensificou a execução de seus planos para dominar o planeta, mas os dragões encontravam dificuldades para recrutar novos cientistas, porque muitos deles já estavam comprometidos com os mensageiros de luz. Enquanto o mundo militar se preparava para destruir, matar, derramar sangue e espalhar a barbárie pelo mundo, o plano espiritual se preparava para o bom combate, os Exus de Lei estavam com suas falanges prontas para atender ao chamado da força maior. As equipes de socorristas trabalhavam em tempo integral para organizar seus grupos e procuravam manter a autoestima dos trabalhadores, para que, quando fosse necessário, pudessem agir. A prioridade naquele cenário de guerra e calamidade era resgatar e amparar espíritos, encaminhando-os para seus lugares de origem a fim de que recebessem os cuidados necessários.

Essa parte do Universo estava agitada, os senhores comandantes planetários davam as ordens e os mensageiros as executavam fielmente. Preparando-se para o trabalho duro, muitas colônias espirituais em volta do planeta formavam médicos e enfermeiros com o máximo de urgência. Veículos para transporte em massa eram desenvolvidos e colocados à disposição das equipes espirituais, muitos hospitais foram construídos nas montanhas terrestres para auxiliar irmãos vitimados pelo confronto que se aproximava do fim e certamente produziria milhões de doentes. Um desses complexos hospitalares estava localizado na Serra da Mantiqueira e fora anexado ao centro de apoio Maria Padilha, que nessa época também recebia muitos espíritos de mulheres, crianças e idosos vindos através da triagem na Polônia. A Pombagira havia vivido uma de suas encarnações nesse país, pelo qual nutre extrema simpatia, onde deixou laços de amizade; a primeira casa de apoio foi criada lá, porque foi dessa nação que surgiram as primeiras vítimas da grande guerra. Mas o trabalho de socorro no enorme complexo no Brasil era bem mais amplo; havia uma ala que se destinava a socorrer vítimas de crimes domésticos, milhares de mães, esposas, filhas, que eram espancadas, estupradas e tinham suas vidas interrompidas bruscamente. Muitos desses espíritos femininos nem tinham a noção de que já haviam desencarnado, andavam perambulando pelas ruas de cidades de todas as partes do mundo; mulheres que perderam sua autoestima se tornavam mundanas e continuavam sendo violentadas por espíritos criminosos, que também perambulam pela crosta e continuam cometendo crimes, existem casos em que esses espíritos abusam da fragilidade de mulheres e depois as açoitam para divertir seus comparsas.

Essas mulheres, antes de encontrarem socorro no complexo Padilha, naquela época não contavam com nenhum tipo de apoio, nem mesmo as colônias espirituais naquele momento dispunham de lugares para acomodá-las. Aquelas irmãs eram consideradas espíritos insanos, portanto se fazia necessário priorizar os mais equilibrados. É verdade que algumas delas estavam mergulhadas propositadamente na promiscuidade, mas, conforme determinara a Padilha, aquela instituição não fora construída para julgar, especialmente porque aquela era uma época complicada, um tempo em que a prostituição imperava, não havia instituição de apoio psicológico ou espiritual adequado a esses espíritos. Somente depois que Padilha teve a atitude de cuidar dessas mulheres foi que muitas das colônias espirituais que estavam em construção reservaram espaços destinados a recebê-las.

No complexo da Mantiqueira havia equipes de médicos psicólogos que assistiam esses espíritos desafortunados antes de encaminhá-los definitivamente a suas colônias. Milhares de mulheres foram socorridas por essas equipes, muitas delas foram capturadas pelos Caboclos a contra gosto, pois já estavam desenganadas e para elas não existia outro sistema de vida a não ser aquele que estavam vivendo há tanto tempo. Elas não conheciam mais do sentimento autoestima e se consideravam escória da humanidade. Mas quando eram trazidas para o complexo e tratadas como seres humanos importantes, com o passar do tempo se tornavam pessoas de extrema bondade e se integravam ao trabalho com facilidade.

Muitas dessas mulheres, depois de tratadas e recuperadas psicologicamente, tornaram-se enfermeiras e se colocaram à disposição da Padilha Menina, acabaram ingressando nas fileiras de socorristas que rumavam para a Europa a fim de trabalharem nos campos de batalha, concentração e hospitais de campanha. Devido à integração do espírito que recebera tratamento no grupo de voluntários, o complexo humanitário fundado por Padilha não parava de crescer, o plano espiritual da direita dava total e irrestrito apoio à nova Pombagira, as forças da esquerda agiam da mesma forma.

Das profundezas do planeta, na dimensão mais escura do etéreo, os dragões se posicionaram de forma neutra em relação aos trabalhos da instituição, pois não viram nenhuma atitude da organização que atrapalhasse seus planos. Quem demonstrava descontentamento com o trabalho desenvolvido na serra era somente o grupo dos feiticeiros negros, que estavam tendo dificuldades para continuar desenvolvendo seus trabalhos de magia negra, pois as equipes formadas por Exus de Lei, Caboclos, Tuaregues, Guerreiros Africanos e Pretos-Velhos não lhes davam a menor trégua; vários laboratórios haviam sido desarticulados e muitos outros estavam lacrados, o que impossibilitava os cientistas das sombras de continuarem desenvolvendo suas demandas. O trabalho da Pombagira Menina era facilitado por sua mentora, que era muito bem relacionada, tanto com a esquerda e o centro quanto com a direita.

Padilha sabia explorar bem sua qualidade de grande articuladora política. Por ser feiticeira experiente e conhecer pessoalmente os poderosos que dominam os dois lados energéticos, direita e esquerda, respeitava sabiamente a lei do livre-arbítrio, não defendia nem condenava fundamentos, simplesmente pregava aquilo que acredita ser o melhor e mais correto dentro da hierarquia universal, seguia os ensinamentos e ordens do comando planetário. Os chefes espirituais da escuridão, tanto quanto os da luz, não negavam seus pedidos, mesmo porque ela, por ser um espírito milenar, conhece muito bem os caminhos para chegar até eles sem interferir em seus planos ou projetos em andamento. Por conta desse respeito que Padilha tem para com seus pares no poder é que eles a têm sempre como uma aliada, seu histórico lhe confere as mais altas qualidades de um espírito comprometido com a verdade e respeito ao livre-arbítrio.

Padilha é misteriosa, sabe andar, chegar e sair sem deixar rastros, ela faz parte da falange dos Exus de Lei, não interfere em assuntos alheios. O respeito que obtém no mundo espiritual e físico não foi ganho simplesmente, é seu merecimento pelos serviços prestados ao longo do tempo.

Maria Padilha é uma Pombagira fundamentada no positivismo, ela oferece caminhos abertos e prosperidade. Ela garante ao médium, que sabe andar a seu lado, amor-próprio, sabedoria e maneiras de como conquistar a felicidade. Padilha não pactua com filho quando ele está errado, mas também não o condena nem o deixa sozinho, pois bem sabe que os caminhos dos espíritos são cheios de dificuldades, as quais eles terão de aprender a vencer por sua conta, pois somente assim aprenderão a sair das armadilhas que a vida lhes reserva. Ela orienta, cuida para que esse filho acorde a tempo de corrigir seu deslize, ela é uma mãe dedicada, mas cobra atitudes veneráveis de seus protegidos. É exatamente essa a conduta que ela espera de seus médiuns encarnados.

Instituição Cantareira

Durante o tempo que durou a Segunda Guerra Mundial, a organização Maria Padilha recebeu centenas de milhares de espíritos que haviam desencarnado nos combates; em um esforço sobre-humano todos foram atendidos, tratados e encaminhados para suas colônias ou planetas originais. Muitos seres que vagavam sem destino havia centenas de anos acabavam sendo descobertos e levados para abrigo na instituição. A todo momento espíritos procuravam apoio na organização, encontrando a porta sempre aberta e socorro imediato. Muitos foram encaminhados para outras instituições que foram surgindo em colônias espirituais que existem sobre o Brasil e acabaram disponibilizando espaço e leitos para irmãos necessitados. Outros permaneceram internados, pois a casa dispunha de vasto espaço e equipe de trabalhadores especializados aptos a prestar os cuidados necessários.

A Expansão da Casa de Padilha

Com o enfraquecimento da guerra, o sucesso da organização Padilha não demorou a chegar aos ouvidos dos senhores das sombras; estes, como precaução, chamaram seus representantes na crosta terrestre e os instruíram para que alguns espíritos espiões fossem infiltrados, para que pudessem controlar mais de perto os trabalhos da Pombagira e certificar-se de que ela estava cumprindo o que haviam acordado. Os representantes dos dragões passaram as ordens aos magos negros, estes muito rapidamente infiltraram espiões na organização, mas adicionaram um trabalho aos infiltrados: queriam que eles tentassem interferir na rotina do complexo desequilibrando a organização, quem conseguisse seria gratificado. Mesmo com todo o controle feito pela guarda do complexo, espíritos mal-intencionados penetraram na casa rompendo o esquema de segurança; estavam misturados às hordas de espíritos doentes resgatados nos campos de batalha da Europa. Mas não demorou muito tempo e eles foram descobertos pelos Exus Mirins que faziam parte da equipe de segurança da organização. Rapidamente os infiltrados foram presos, alguns dos espíritos sombrios tentaram resistir à prisão e tiveram os dedos mutilados para que não fossem mais recrutados para desenvolver trabalhos de demanda. Quase todos foram extraditados para as dimensões inferiores de onde vieram, sabia-se que havia entrado um número de infiltrados, mas nem todos haviam sido descobertos, mas alguns foram expulsos e seguiram levando os recados da

Padilha para seus chefes, estes deveriam cumprir com o acordo de não perturbação dos trabalhos dela. Depois de ser rompido pelos espíritos sombrios, o esquema de segurança do complexo se tornou implacável, contava com equipes de todas as vertentes, esquerda, direita, comando planetário, enfim, todas as forças espirituais queriam participar do trabalho que estava sendo desenvolvido na Serra da Mantiqueira sob o comando da senhora Pombagira Maria Padilha rainha das Sete Encruzilhadas.

O Trabalho Espiritual no Centro Físico

Além de todas as responsabilidades assumidas no Brasil e em outras partes do planeta, devido ao momento crítico em que ele se encontrava, Padilha estava empenhada na administração de sua organização de tal modo que quase não lhe sobrava tempo disponível para visitar Bruna, mas ela não se esqueceu dos compromissos que havia assumido com o núcleo espiritual que funcionava no espaço físico da casa de Sião, que estava em atividade já havia alguns meses, e a cada dia mais pessoas chagavam em busca de ajuda. Os trabalhos estavam surtindo bons resultados, mas os dirigentes físicos estavam enfrentando problemas para manter o ambiente harmonizado, como estava sob o complexo humanitário e neste se encontravam ainda infiltrados espíritos de má índole, eles acabavam interferindo mentalmente nos trabalhos espirituais e assim criavam algumas dificuldades aos médiuns em suas incorporações. Ao ser detectada a interferência desses seres nos trabalhos do centro físico, ele foi imediatamente imunizado pela equipe dos Exus Mirins, que fizeram uma varredura no local, localizaram e prenderam os irmãos sombrios que exercem influências sobre os médiuns nos trabalhos de socorro aos encarnados. Quando foi detectada a interferência dos sombrios nos trabalhos do plano físico, foi montado imediatamente um forte esquema de segurança na casa de Sião. O centro agora ficava protegido dentro do complexo. Este, por sua vez, foi blindado para que não houvesse a menor possibilidade de comunicação externa entre possíveis traidores. O complexo foi envolvido com sete camadas fluídicas que barravam qualquer tentativa de espionagem ou infiltração de espíritos maldosos no ambiente, cada uma delas era composta de mais sete subcamadas, todas em formato de teia de aranha. Todas as amarras dessas teias saíam do portal no centro do complexo, que repelia toda e qualquer energia negativa que tentasse furar o bloqueio energético e a remetia de volta ao ponto de partida. A primeira camada funcionava como uma rede de propulsão; era ela quem remetia essa energia de volta em direção ao Sol, que queimava e transmutava todos os fluidos negativos, acompanhada daquela forma espiritual, sobrando muitas vezes apenas um pequeno vestígio que lembrava ser de espírito humano. Este, depois de ter seu mental transformado pela força do Sol, deslizava pela camada protetora em forma de uma grande bolha. Quando tocava o solo, era imediatamente absorvido pela terra e sugado para seu interior, para ser enxugado e ter seu subconsciente apagado, e somente assim poderia ter a chance de um novo recomeço.

Enquanto os Exus reforçavam a segurança da instituição, Bruna assumia totalmente o controle do complexo. Todos os trabalhadores daquela organização se reportavam a ela, que além de muito dedicada ao trabalho também cuidava com muita dedicação do espaço físico. Agora irradiava Neusa, a esposa de seu amigo Sião, que não incorporava, ele era ogã; não tinha sua mediunidade de incorporação aflorada, sua missão era outra. Ele havia assumido ainda no mundo espiritual o compromisso de apoiar os trabalhos de divulgação e propagação da nova ordem doutrinária que nasceria no Brasil e se espalharia por todo o planeta, recebendo a denominação de Umbanda, abrindo caminho para que os espíritos trabalhassem de forma mais harmoniosa e atuassem de maneira sistemática com os encarnados. No começo do século XX, houve a primeira manifestação pública de um espírito usando o corpo físico de médium para comunicar-se, mas naquela época no Brasil os mentores espirituais já trabalhavam muito. Devemos lembrar que era comum que irmãos fossem açoitados durante o período da escravatura, pois saibam que em muitos desses casos eles recebiam seus Pretos-Velhos, que se incorporavam ainda durante o castigo para amenizar a dor de seu filho, e quando o espancamento era excessivo, os próprios mentores faziam o desenlace do espírito e retiravam o irmão do corpo físico para cessar seu sofrimento. Os espíritos nunca deixaram de auxiliar os irmãos encarnados, mesmo porque somos nós os espíritos mentores que preparamos os caminhos para que a evolução siga seu curso natural. Sem os conselhos dos Pretos-Velhos, que se anteciparam no tempo para preparar os caminhos do espírito que teria de passar pela humilhação da escravidão, certamente os irmãos que habitavam o continente africano naquele tempo e que foram escravizados teriam tido muita dificuldade para suportar aquela prova à qual foram submetidos. Fomos nós, espíritos humanos, que demos sustentação ao trabalho do plano maior para povoar a Terra com muitas formas de vida, portanto, temos nossos méritos nesse projeto. Agora temos nova etapa, fazer com que o culto de incorporação se propague e, assim, possamos nos expressar mais facilmente através de nossos médiuns. Para isso se faz necessário que pessoas como Sião apareçam entre os viventes. Também temos necessidade de espíritos com a determinação de Bruna e Lorenzo, que desistiram de viver um grande amor carnal, ao qual tinham direito, para auxiliar o planeta nessa hora difícil. Também não podemos esquecer a grandeza do velho rei, que mesmo sofrendo todo tipo de hostilidade e tendo inclusive sua existência interrompida por sua esposa, quando teve a chance de se vingar dela, fez a opção do perdão, deixando o amor prevalecer sobre os demais sentimentos.

A espiritualidade conclama a humanidade a praticar a benevolente caridade, abrindo mão de certos costumes que acabam retardando sua evolução. Chamamos os irmãos para ingressar em uma nova consciência e a se preparar para a nova era. Esse é um momento de reflexão, vigilância e atitudes mais nobres voltadas para as causas humanitárias, pois o planeta está passando por uma transformação muito importante, e temos na crosta hordas de espíritos desordeiros que dificultam bastante o trabalho dos mentores de luz. Temos espíritos de baixíssimo padrão vibratório se fazendo passar por mentores de lei, que invadem os terreiros de Umbanda e formam enormes e verdadeiras confusões entre os irmãos de fé. Estes muitas vezes, levados pela vaidade, falta de conhecimento e pouca vigilância, dão vazão a esses espíritos mal-intencionados e abrem caminhos para que eles tenham êxito em suas investidas contra nós. Por isso cabe aos irmãos comprometidos com o espiritual de luz repreender veementemente esses desordeiros do baixo etéreo, que não têm nada útil a lhes oferecer.

As Preocupações do Baixo Etéreo

Enquanto Bruna trabalhava em tempo integral, sua mentora, Maria Padilha, também não tinha tempo disponível para nada. No baixo etéreo o clima era tenso e de grande preocupação, os feiticeiros negros se reuniam para discutir possíveis retaliações contra a mentora da organização Padilha, queriam que ela atendesse suas exigências e lhes fornecesse informações sobre quem era aquela jovem que estava revolucionando os trabalhos espirituais no Brasil e lhes causando enormes prejuízos com o desmonte e fechamento de seus laboratórios. Eles pressionavam o Chefe Maioral a exigir que Padilha os recebesse e assumisse o compromisso de não os mandar para a prisão. A Pombagira não lhes dava nenhuma atenção, estava muito ocupada e não tinha tempo a perder naquele momento tão delicado em que o mundo estava mergulhado na guerra. Padilha sabia das consequências e preocupações que uma organização com potencial do complexo Mantiqueira causaria entre os criminosos no baixo etéreo, mas estava tranquila em relação a isso, tudo que estava acontecendo ao redor do trabalho da nova Pombagira já era esperado por ela, é comum que organizações humanitárias incomodem setores que vivem da exploração de incapazes. Padilha havia conscientizado Bruna sobre o fato de espíritos que se dispõem a trabalhar e têm como objetivo alcançar o degrau de Guardião sofrerem o assédio sistemático do baixo etéreo, que é uma força de oposição ao trabalho dos Exus de Lei.

A Ótica do Baixo Etéreo sobre o Complexo Mantiqueira

Aquela casa, no momento, era vista no baixo etéreo como uma organização de combate aos feiticeiros negros, que viam como uma ameaça uma Guardiã a mais, mas o objetivo da organização era somente o socorro a espíritos sofredores. A menina Padilha tinha como objetivo oferecer ao Brasil mais oportunidade de se tornar o berço da Umbanda, doutrina criada pelos espíritos para oferecer apoio aos irmãos necessitados.

Entre tantas atividades que a casa desenvolvia estava incluso o socorro a espíritos femininos que, enquanto viventes, se embrenharam pelos caminhos da prostituição e acabaram sucumbindo vitimados pelas doenças sexualmente transmissíveis, que sem tratamento adequado acabaram desencarnando de maneira prematura. Naquele momento da história, o projeto Padilha visava auxiliar justamente os menos favorecidos, levando em consideração que os tempos eram bem difíceis. Os medicamentos estavam em fase de descobrimentos, ainda não tínhamos os antibióticos disponíveis, por isso muitos acabavam desencarnando prematuramente, devido ao alto índice de infecções e ausência total de recursos medicinais. Mesmo diante de todas essas dificuldades, Padilha Menina sabia como lidar com essa problemática, pois tinha larga experiência com os remédios homeopáticos.

No plano físico, a nova Pombagira intuía Isaura em suas consultas espirituais, orientando-a principalmente no apoio às mulheres que sofriam maus-tratos de seus companheiros. Bruna trabalhava com a esposa de Sião como sua médium e a intuía sempre que alguém a procurava necessitando de benzimento e a orientava a indicar os chás naturais e infusões de ervas como forma de tratamento. As intenções da nova Pombagira eram transportar o sucesso do complexo do astral para o mundo físico e fazer da casa de seu amigo Sião um grande centro de Umbanda. Ela sabia que as coisas não andavam muito fáceis, mas Bruna sabia bem como lidar com as dificuldades daquela época; desencarnou muito jovem, mas estava preparada para assumir tarefas, as mais difíceis possíveis; justamente por ser jovem tinha bom trânsito entre os desencarnados com sua faixa etária. Ela sabia conduzir um adolescente inconformado com o desencarne e querendo voltar ao leito familiar a qualquer custo, por isso escolhera trabalhar em conjunto com os mensageiros socorristas no auxílio a esses espíritos infantis. Padilha Menina, logo após assumir o comando do complexo, mandou construir uma base de apoio em anexo, para que essas equipes de mensageiros pudessem desenvolver o trabalho de resgate e encaminhamento desses espíritos para suas colônias ou planetas originais.

Bruna tinha pouca experiência como Guardiã, mas se comportava como Pombagira de fato. Mesmo desencarnando sem nenhuma experiência sexual, dedicava-se ao socorro de adolescentes que foram vítimas desse tipo de crime e, consequentemente, acabaram desencarnando. Esses espíritos eram tratados por longo tempo dentro do complexo, onde recebiam cuidados especiais das equipes de médicos e psicólogos, até se encontrarem aptos a seguir viagem com destino a suas colônias espirituais, onde seus familiares os assumiriam.

Bruna era detentora de uma herança de nobreza, poderia escolher o principado para reinar por mais uma encarnação na Europa, mas abriu mão de levar uma vida de luxo para se dedicar à causa humanitária no Brasil. Esse evento estava em seu caminho e ela não queria adiar novamente sua evolução, para satisfazer seu ego, já vencido.

Sabemos então por que ela escolheu esse canto da Terra para reencarnar e dar seguimento à sua evolução, longe da Europa. Não houve determinação espiritual para que o projeto Padilha Menina se desse nessa parte da Terra, mas o Brasil foi escolhido porque oferece todas as condições para se tornar a pátria do Cristianismo. O país dispõe de uma geografia etérea ideal para a construção de muitos pontos de apoio onde podemos executar trabalhos de resgate e socorro, também proporciona ao espírito evoluir e promover evoluções de muitos irmãos que necessitem e já estão atrasados em suas caminhadas.

Padilha Explica Seu Projeto

Filhos e filhas de Padilha devem estar se perguntando o que leva uma descendente de germânicos com costumes tão diferentes dos brasileiros a empenhar-se em tão trabalhoso projeto. Devemos saber que para nós, espíritos de luz, o que menos importa é a posição geográfica em que o planeta está situado. Quero lembrar que o mundo astral é diferente do plano físico. Os espíritos, quando bem-intencionados em seus planos de caridade, recebem total e irrestrito apoio do comando planetário e da espiritualidade maior. E por estar de acordo com a boa conduta, Bruna se tornara a primeira Padilha Menina Sete Encruzilhadas; portanto, ela é comandante suprema da organização.

Quando Padilha começou a construir o complexo Mantiqueira para presentear sua Menina, já sabiam que por conta do conflito que estava destruindo a Europa seu campo de ação seria ilimitado e que não se resumiria ao apoio a espíritos femininos vítimas de violência doméstica, os trabalhos do complexo seriam muito mais amplos, e certamente Bruna precisaria da ajuda de seu mentor, senhor Sete Encruzilhadas, pois ela teria de armar um esquema para penetrar nos campos de guerra para resgatar espíritos em estado de inconsciência ou semi-inconsciência. O Exu de Lei já havia se colocado à disposição de Padilha para lhe fornecer uma grande equipe de especialistas que a auxiliaria em seus planos. Depois de muitos encontros com sua chefe, Bruna estava pronta para orientar sua equipe sobre como agir com os irmãos provenientes da guerra. Além das orientações que recebera de sua mentora, Padilha Menina estava muito bem alinhada com o plano maior, e através das alianças que costurou com os Caboclos de Tupinambá, os Exus Mirins e seus antigos companheiros de feitiçaria nos tempos em que habitou o Grande Oriente, os Tuaregues, suas dificuldades seriam reduzidas e assim ela teria êxito em seus projetos.

Aos Seguidores de Padilha Menina

A história dessa jovem se propagará por todo o etéreo e servirá de espelho para muitos espíritos que estão mergulhados nas sombras e encontram-se à espera de novas oportunidades. Sua trajetória está registrada nos painéis históricos dos mais remotos lugares e certamente algum espírito seguirá seu exemplo, muitos tentarão seguir seu exemplo, mas se apenas um dos que tentarem conseguir vencer sua batalha, com certeza todo esse projeto já valeu a pena. Todo médium que incorpora uma Padilha Menina sabe da grandeza e determinação dessa Pombagira, essa é uma falange composta de mulheres experientes, apesar do nome Menina. Todas as Guardiãs integrantes dessa falange, quando desencarnaram, ainda eram jovens para o atual padrão terreno, mas na verdade completaram seus círculos de encarnações e abriram mão de passar para um degrau superior para executar trabalhos de caridade na crosta do planeta, seguindo o exemplo de sua chefe. Elas trabalham mais especificamente nas dimensões onde habitam irmãos mergulhados na ignorância, escravizados pelos feiticeiros negros. É nessas dimensões onde os espíritos mais precisam de ajuda e que estão infestadas de seres da mais alta periculosidade. Posso garantir aos viventes que seria um verdadeiro caos para a humanidade se não houvesse trabalho árduo dos Guardiões para colocar freio nesses criminosos.

Então, meus amados, é isso o que tenho a falar dessa Guardiã para vocês. Ela é a primeira Padilha Menina que conquistou esse degrau com seu trabalho e merecimento, seguramente uma Guardiã da mais alta qualidade, digna de fazer parte da organização Padilha, que luta contra as injustiças da baixa feitiçaria praticadas por seres quase infernais, dos quais vos tenho falado, que já deveriam ter aprendido que fora da lei não há lugar seguro no Universo. A organização Padilha não descansará enquanto um único espírito estiver sendo injustiçado, enquanto uma única mulher estiver sofrendo maus-tratos. Este é o papel da organização no mundo etéreo e também no plano físico: oferecer proteção e conforto aos irmãos, tanto encarnados como desencarnados; a organização também quer oferecer opções para que espíritos consigam se redimir de suas falhas e as concertem enquanto há oportunidade.

Não devemos esquecer que o tempo está se aproximando e todos nós teremos de nos alinhar às energias sutis do Universo, não pensem que nós os Exus e Pombagiras estamos nesse patamar que alguns médiuns nos colocam, não somos prostitutas que levam a vida bebendo e fumando ou mergulhados na promiscuidade. Se isso já aconteceu a qualquer um de nós em outras encarnações, esse tempo ficou para trás e, à custa de muita luta e renúncia, estamos hoje comandando falanges e organizações humanitárias. Não temos tempo para ambiguidades e também não temos o mesmo tempo para julgamentos desnecessários, porque cada espírito carrega seu fardo e não é preciso que o lembremos de suas responsabilidades, a nossa já nos basta e muitas vezes nem conseguimos dar conta dela.

Estamos trabalhando no plano físico para ensiná-los a como ter acesso às leis de amor, alegria e fraternidade, que são os pilares e fonte energética da força vital, a qual você pode se ligar a fim de receber as bênçãos desse fluxo de riqueza abundante que está por toda parte do cosmos, basta que entenda certas leis naturais e saiba que devemos andar em nosso caminho, sem olhar os passos de nossos irmãos, pois cada espírito tem um destino. Façam isso e verão que o fluxo de riquezas espiritual e material estará sempre a seu alcance, façam como se isso fosse um ritual. Somente praticando a força de domínio dos pensamentos negativos é que você sentirá que sua vida está melhorando, e assim vai perceber que está absorvendo energias positivas e fontes de prosperidade começam a se aproximar mais facilmente de seu caminho.

Durante o exercício e vigilância sistemática de seus pensamentos, vocês entenderão porque nós, mentores espirituais, pedimos-lhes para que dominem seus impulsos energéticos. Queremos dividir com vocês toda a nossa experiência e conhecimento, queremos lhes mostrar a maneira mais fácil de atingir seus objetivos e encontrar caminhos prósperos, pois já passamos pelos mesmos problemas e já enfrentamos as mesmas dificuldades que enfrentam. Venham conosco trilhar os caminhos prósperos e sutis do etéreo infinito. Sigamos os passos e exemplos de Bruna.

Padilha Menina Sete Encruzilhadas

MADRAS® Editora — CADASTRO/MALA DIRETA

Envie este cadastro preenchido e passará a receber informações dos nossos lançamentos, nas áreas que determinar.

Nome _____
RG _____ CPF _____
Endereço Residencial _____
Bairro _____ Cidade _____ Estado ____
CEP _____ Fone _____
E-mail _____
Sexo ❑ Fem. ❑ Masc.   Nascimento _____
Profissão _____ Escolaridade (Nível/Curso) _____

Você compra livros:
❑ livrarias   ❑ feiras   ❑ telefone   ❑ Sedex livro (reembolso postal mais rápido)
❑ outros: _____

Quais os tipos de literatura que você lê:
❑ Jurídicos   ❑ Pedagogia   ❑ Business   ❑ Romances/espíritas
❑ Esoterismo   ❑ Psicologia ❑ Saúde   ❑ Espíritas/doutrinas
❑ Bruxaria   ❑ Autoajuda   ❑ Maçonaria   ❑ Outros:

Qual a sua opinião a respeito desta obra? _____
_____

Indique amigos que gostariam de receber MALA DIRETA:
Nome _____
Endereço Residencial _____
Bairro _____ Cidade _____ CEP _____

Nome do livro adquirido: Maria Padilha

Para receber catálogos, lista de preços e outras informações, escreva para:

MADRAS EDITORA LTDA.
Rua Paulo Gonçalves, 88 – Santana
CEP: 02403-020 – São Paulo/SP
Tel.: (11) 2281-5555 – (11) 98128-7754
www.madras.com.br

MADRAS® Editora

Para mais informações sobre a Madras Editora,
sua história no mercado editorial
e seu catálogo de títulos publicados:

Entre e cadastre-se no site:

www.madras.com.br

Para mensagens, parcerias, sugestões e dúvidas, mande-nos um e-mail:

marketing@madras.com.br

SAIBA MAIS

Saiba mais sobre nossos lançamentos,
autores e eventos seguindo-nos no facebook e twitter:

@madrased

/madraseditora